U0635247

大夏书系·作文教学

怎么教,孩子才会写

小学低年级写话教学案例

龙咏梅 平丹丹 编著

 华东师范大学出版社

全国百佳图书出版单位

· 上海 ·

编委会

- **编著：** 龙咏梅　平丹丹

- **编委：** 肖　华　马月红　胡　倩　商丽颖
  　　　　杨映雯　韩海燕　詹艳玲　龙　南
  　　　　尚蔺卿　陈桂梅　陈　昊　吴梅芳
  　　　　江　苑　肖夺印

目　录

➢ 绘本阅读与表达

➤ 看图与表达

➢ 听故事,写故事

➢ 观察与表达

序

  近年来，随着语文课程改革向纵深推进，作文教学改革存在这样一个不争的事实：在识字与写字、阅读、写作、口语交际、综合性学习五大领域中，作文教学实践经验多而杂，本土研究理论稀缺；学生倾注的学习精力颇多，成功的写作体验匮乏；教师的教学热情不高，学生的畏难情绪泛滥。这种教师、学生倾注的精力与他们的收获成反比的现象，是亟待攻克的难题。

  在语文课程范畴和大众媒体中，"作文""创作""写作"常被混用。这三个词虽都有"用语言和文字来表达"的意思，但就质而言，差别大矣。"作文"的本质是学生一种写的练习，作文教学旨在在有限的时间里让学生掌握基本的书面语言表达规律。它不同于作家的"创作"，作家可以花时间下基层体验生活，再虚构超越生活的人和事，因为那是一种个性化的事业。它也不同于常人的业余"写作"，写作爱好者可以在八小时之外勤于笔耕，写出令人步步惊心的故事。因为那是一种基于兴趣的文字劳作。作文是一门课程，作文教学既受到课堂教学时空的限制，又受到学生写作兴趣、知识准备、能力等诸多差异的羁绊，却必须承担培养每个学生具有基本的书面语言表达能力的任务。所以，作家"创作"或业余爱好者"写作"的个体成功经验，对于中小学作文教学研究而言，不具有普适性，更不宜混为一谈。作文教学研究需关注社会需求、写作心理、写作知识三要素。

  国际作文教学的发展主要经历了关注结果、关注过程、关注语境这样一个发展过程。与之相应地形成了文章写作（articles writing）、过程写作（process writing ）、交际语境写作（communicative context writing）三大作文教学流派。我国作文教学的主流是关注学生的写作结果——文章，并将此作为教学的目的和评价的对象，属于典型的文章写作。长期以来，我们积淀了"放胆文""由说到写""读写结合""例文仿写""多读多写"等丰富的中小学作文教学经验。但由于教学和研究限于结果——一篇合格的文章，忽视写作的主体——个性差异的学生及其写作行为，因此，该流派的不足和弊端也彰显无遗。文章写作教学流派虽擅长作文知识的传授，但由于依托的学习心理学理论较陈旧，导致写作教学研究禁锢于静态的知识教学，视野狭窄。从国际作文教学发展趋势来看，我国作文教学由文章写作向过程写作转型是必然的发展趋势。

在这场作文教学转型的浪潮中，教研员是不可或缺的中坚。五年前，我有缘在上海虹桥机场与深圳市龙岗区教师发展中心的龙咏梅老师深谈，为龙老师深耕小学作文课堂，尤其是低年级分级分类写作研究的专业精神和实践智慧所折服。她潜心研读美国过程写作教学原理、学生写作心理学理论，自上而下地展开理论指导下的小学作文教学实践研究；她立足课堂教学一线，理性提炼10多年来累积的低年段写作教学实例。难能可贵的是，龙老师带领团队结合统编版语文教科书，融入语文课改以来的创新教学成果——合作学习、差异教学，建构了基于过程写作法的小学习作教学框架、教学素材、教学案例和微课——一个从顶层设计到课堂教学的系统方案。"标点符号认知与运用""绘本阅读与表达""看图与表达""听故事，写故事""观察与表达"五个板块的专题写作训练，涵盖了小学低年级学生习作能力的全部内容。

2020年末，我有幸进入龙老师的低年级作文课堂，耳闻目睹了她近5年的研究成果。我坚信这是过程写作法的一种创新实践，是理论与实践相结合的一项优质成果，值得推广！

华东师范大学教师教育学院教授、博士生导师　董蓓菲
2021 年 2 月于湖墅

前　言

亲爱的读者朋友，首先感谢您把这本书拿在手中，并且愿意翻开来读一读。我想您也许是一位小学语文老师，而且还是一位低年段语文老师，您一定期待这本书能给您的教学带来一些启示或者帮助，对吗？那么，请您继续往下读吧。

一、为什么写这本书

写书，对于一线老师来说是一件令人激动的事，也是一件特别庄重的事。因为写作对于我们的意义是分享和交流，而文章或书籍是我们交流的媒介。所以，我们会担心自己的表达方式是否适合每位读者，我们的表达是否清楚了，我们的表达是否符合学科教学的规律……虽然如此担心，但我可以很自信地告诉您：这本书的每一位作者都是课题研究的实践者，他们的教学经验应该会对老师们有所帮助，我们也是为了这样的目标来写这本书的。

（一）为一个美好愿望而写

作为研修员，我们的主要职能是立足课堂，帮助老师发现问题、解决问题。我曾经花了大量时间来关注中高年段的语文教学。后来，我意识到小学语文教学要从低年段抓落实——加强良好学习习惯的养成，重视阅读与表达兴趣的培养，同时还要关注低年段写作启蒙教学，因为写作一直是每个学段孩子的痛点，如果低年段的启蒙教学落实到位，那孩子到了中年段后就不会那样恐惧写作了。

通过查阅文献资料，我发现关于低年段写作教学的文章有不少。但文章内容关于写作教学策略的多，而关于低年段写作应该"教什么"的文章很少，不仅低年段如此，其他学段也面临相同的问题，这也是写作教学一直困扰一线老师的根本原因。因为有效的教学始于明确的目标，教学目标是实现有效教学的前提和保障。如果语文老师不清楚每次写作教学应该教孩子什么，而仅仅是指导孩子写了一次作文，那对提高孩子的写作能力有多大帮助？如果语文老师不明白各年级写作教学目标有什么区别，是怎样螺旋上升的，又怎么能提高孩子的写作能力呢？

近十年来，我带着课题组的老师专注于低年段写作教学研究与实践，我们研究的重点是低年段写作应该"教什么"与"怎么教"。因为我一直有个愿望：很想为低年段语文老师做点什么，特别是为低年段写作教学做点什么。这是我们做课题研究的初衷，也是我们写这本书的理由。

（二）表达自己对写作课程的理解

《义务教育语文课程标准（2011年版）》第三部分"实施建议"对"写作"作了这样的解释："写作是运用语言文字进行表达和交流的重要方式，是认识世界、认识自我、创造性表述的过程。"课标中还对各学段的"写作"教学目标作了说明：第一学段定位为"写话"，第二到第三学段开始"习作"，到了第四学段才是"写作"。这是为了降低学生写作起始阶段的难度，重在培养学生的写作兴趣和自信心。不过，为了更好地区分学段目标，我们主张用"表达"和"文本写作"作为低年段写话教学目标，原因有两个方面：

从表达方式来看，低年段孩子的表达形式主要是说，进入书面表达的初级阶段时，他们会借助"汉语拼音"或简单的图形、符号来表达，还有孩子喜欢用"图＋文"的形式来表达。可见，低年段孩子一开始并不是直接用文字来写的。所以，我们认为用"表达"这个概念更能体现低年级孩子"说—画—写"的学习过程和方法，更符合他们的学习特点。因为表达是将思维所得的成果用语言、语音、语调、表情、动作等方式反映出来的一种行为。"表达"一词的内涵比"写话"和"写作"更丰富，它包括口头表达和书面表达。

从写作能力来看，在实验过程中，我们发现低年段孩子刚起步写作时，是从句式仿写到独立思考与表达，从写简单的句子到写几句简单的话，逐步发展到写一两段话，孩子的表达能力在明显提升。特别是到了二年级下学期，孩子的书写能力、观察力和思维能力都有一定提升，哪怕是学习基础一般的孩子，也能借助"听故事，写故事"训练达到分段表述的目标。不仅如此，二年级孩子还能根据有情境的单幅图或连环图，创作一个内容简单而结构完整的故事。也就是说，他们已经有初步的篇章意识和创作故事的能力。另外，低年级孩子已经开始学习观察周围的事物，并能把自己观察的事物用一两段话表达出来。由此可见，低年级孩子并不是只会仿写句子或写几句简单的话，他们完全有能力写一两段话，甚至还有创造性表达的能力。也就是说，他们能达到文本写作的水平。

由此可见，低年段写话教学是从说到写的过程；学生写话也是从写几句话，到写一两段话，甚至写通知、留言条和简单的日记等逐步发展的。因此，我们认为低年段写话是以"表达"和"文本写作"作为教学目标的。

二、我们写了什么

这是一本关于低年段写作教学的书，所以，这本书既有我们对"低年段写作课程与教学"的思考，也有我们课题研究的初步成果，同时还给大家提供了一些教学案例。

（一）本书的编写框架及特点

《怎么教，孩子才会写》旨在帮助小学语文老师解决低年段写作教学难题。我们把这本书设计成两个部分，第一编由4篇文章组成。这4篇文章主要介绍了我们研究的背景，以及我们是如何根据小学生学习写作的特点来解决低年段写作教学问题，特别是写了关于低年段写作教学应该"教什么"的思考。第二编是分级分类写作教学案例，我们把这些案例分成了五个不同的类别。这些案例都是老师们在实验过程中反复打磨出来的一个个优秀课例。每一类案例按以下板块来编排：教学导航及导图、教学案例（包括教学设计及实录、写作作业单设计、学生习作展示）和教学随笔。这些案例操作性强，教学效果好，特别是"标点符号"教学案例还配了微视频，教师可直接用于课堂教学。总体来看，这本书有以下几个特点：

（1）内容完善系统。这本书是对低年段写作课程的设计与开发，不仅有明确的课程目标、完善的课程内容，还有具体的教学实施及评价体系。阅读后可以让低年段语文老师明确：低年段每个年级甚至每个学期的写作教学应该"教什么"，并从具体的教学案例中体会到"怎么教"。

（2）分级分类设计。本书从一年级到二年级共设计了五类教学案例。内容包括："标点符号认知与运用""绘本阅读与表达""看图与表达""听故事，写故事"和"观察与表达"专题写作训练。

（3）长短课相结合。标点符号书写训练每次大约 10 分钟，专题写作课例每次 40～60 分钟。标点符号书写训练可随机插入阅读教学中，也可以安排在"午习"或其他时间。一至二年级的专题写作，除语文教材中的内容之外，每学期增加 5～7 次，占用语文教学时间不多。

（4）配套教学微课。标点符号教学案例有配套的教学视频，扫码即可观看，方便教师使用。

（二）低年段写作课程开发与设计

作为课程开发者，如果想设计并开发出适合不同学情的写作课程，不仅要考虑低年段孩子的认知水平与心理发展特点，还要考虑孩子的个体差异，更要考虑课程内容选择与组织的合理性，因为知识浩如烟海，学生不可能什么都学。为了尽可能保证课题实验的科学性，我们认真研读了语文课程标准，阅读了有关课程开发、儿童心理学、写作与写作教学等各方面的著作，同时在不同学情的班级进行课题实验。以下是一、二年级写作课程设计表：

年级 写作 课型	一年级（上）	一年级（下）	二年级（上）	二年级（下）
标点符号 认知与运用	正确认知和书写逗号、句号、问号和叹号4种标点符号。	能在具体语境中理解和运用逗号、句号、问号和叹号4种标点符号。	1. 巩固逗号、句号、问号和叹号的用法。 2. 认知冒号和双引号，在语言描写中正确使用。	正确认知和书写省略号、顿号和书名号，并能理解它们的用法。
看图与表达 （无背景图）	以无背景图片作为看图写话素材，能写出简单的二要素、三要素句。			
看图与表达 （有背景图）		1. 看懂图画内容并能分辨主角与背景。 2. 根据图画内容，用不同的句式来表达。		
阅读与表达		1. 读绘本并仿写绘本中的典型句式，比如"如果……就……"等。 2. 读儿歌、童谣，并根据情境模仿写表达。	1. 诵读儿歌并根据情境仿写。 2. 读绘本并根据绘本的语言特点进行仿写。	阅读《我妈妈》等系列"写人"绘本，掌握抓住人物进行观察，并用简单事例说明人物特点的方法。

年级　写作课型	一年级（上）	一年级（下）	二年级（上）	二年级（下）
看图写表达（单角色图）		1.能分清主角与背景，按"从整体到部分"的方法观察图画。 2.根据图画展开想象，能用一两句话把画面写清楚。		
观察与表达		1.能用不同方法观察自己感兴趣的小动物或植物。 2.能写简单的"一句话"观察日记或用"图＋文"的形式创作绘本日记。	1.选择学生感兴趣而且结构简单的动植物进行观察，指导学生用不同形式表达，如：写一两段话，写简单的观察日记、绘本日记、儿歌或童谣等。 2.按顺序用一两段话向别人介绍自己的玩具，写清楚玩具的样子和玩法。	1.观察身边的人，抓住人物外貌、兴趣爱好等特点来介绍，并能用简单的事例来说明。 2.观察周边的事物或自然现象，从不同角度提出问题，并按顺序表达。 3.观察周边事物，用看、摸、闻等方法进行观察，并用关键词记录观察结果；借助关键词进行"连词成句"和"连句成段"；尝试用连续性观察日记、童话等形式表达。

写作 课型 年级	一年级（上）	一年级（下）	二年级（上）	二年级（下）
听故事，写故事			1. 选择内容和结构简单的童话故事录音作为写作素材，并创造性复述故事。 2. 借助"思维导图"梳理故事情节，加上自己的想象录音，并尝试分段表述、清楚。 3. 根据故事录音，加上自己的想象写故事，把故事写完整。	1. 选择内容比较丰富的童话故事录音作为写作素材。 2. 借助"思维导图"梳理故事情节，并加上自己的想象把故事写具体、生动。
看图写表达（多角色角色图）			1. 根据图画内容进行"推前想后"，创编简简单而完整的故事，尝试描写人物语言和动作。 2. 根据画面展开想象，尝试描写人物语言和动作。 3. 分段表述，用一两段话把故事写完整、清楚。	1. 按一定顺序观察"连环图"，根据图画内容写一个结构完整的故事。 2. 根据画面想象并描写人物语言和动作。 3. 分段表述并注意前后连贯。 4. 用"推前想后法"观察多角色情景图，根据图画创编结构完整、内容比较具体的故事。

由这张表格，您可以看出我们做"小学低年段写作"课程开发与设计的思路。这是我们基于小学语文课程标准第一学段的"写话"教学阶段目标，并结合低年段孩子语言学习特点而设计的。虽然它还不成熟，可能有不少缺陷，但我们在这里把它呈现出来是希望对大家有所帮助，更希望与大家一起探讨和改进。

三、您可以这样读，还可以这样做

如果您想了解我们是怎么思考"低年段写作教学"这件事的，建议您从第一编读起，您得耐着性子把里面的四篇文章读完。《小学语文写作教学现状》一文描述了作者对小学语文写作教学现状的观察与发现；《小学低年段写作教学现状分析》一文分别从小学低年段写作课程标准、写作教材、写作教学方法等方面作了详细分析；《小学低年段写作"教什么"与"怎么教"》一文总结了我们在低年段写作教学研究与实践方面取得的初步成果；《小学低年段分级分类写作教学研究与实践》一文介绍了我们关于"分级分类写作"教学的最新思考与实践，特别是我们对小学低年段写作课程内容进行了分类及细化。在课题实验的过程中，我们没有得到相关专家的具体指导，主要是通过阅读"写作"与"写作教学"，以及"儿童心理发展""课程开发"等相关专业书籍来指导实践的，然后通过反复打磨课例——在不同层次的班级进行实验，最后以教学效果来验证我们的思考。也许我们这点成果微不足道，但这本书的教学案例是有实效的。如果您想全面了解低年段写作具体是怎么教的，可以直接进入第二编的阅读，建议您先读一读作者为每一部分写的"教学导航"和"教学导图"，这样，您可以了解作者设计每一类课的教学理念、目标和思路。

当然，如果您有时间的话，不妨从头到尾把它细细地读一遍。书中的教学案例除了与教材同步的内容，还有我们根据低年段孩子的写作兴趣补充的内容，因为只有让孩子的写作实践达到足够的量，才能让他们顺利过渡到中年段的写作学习。如果您能在教学中试用这些案例，一定会有意外收获的！这也是我们写这本书的真正目的——希望它能给您的教学带来一些帮助，引起您对写作教学的关注，同时让您也加入到写作教学研究的行列中。

第一编

关于小学语文写作教学的思考

小学语文写作教学现状

新课改以来，不少教师在写作教学方面进行了勇敢的尝试和探索，取得了一定的成绩，但总体上小学写作教学现状不容乐观。提起写作教学，教师仍会觉得是件令人头疼的事。学生怕写作文，教师怕教作文。教学模式化、缺乏新意，批改学生的作文耗时费力又收效甚微。这样的现状怎能不令每位语文教师深思？这次我们先从教师写作教学现状谈起。

一、教师写作教学现状

（一）教学模式僵化，缺乏有针对性的指导

新课改以来，阅读教学的研讨轰轰烈烈，教师们上公开课、优质课更乐意上阅读课，有意无意避开作文课，冷落了对作文教学的研究、探索。不少教师的写作教学还是穿新鞋走老路，教学模式僵化。

我们经常可以看到这样的教学场景：教师先提出写作任务，然后指导学生详细分析作文要求，接着把事先准备好的"范文"读给学生听。读完后，重点分析文章的结构和表达的"妙处"，借机提炼出宝贵的"经验"——写作知识。最后再次强调作文要求，剩下 5 ～ 10 分钟才让学生动笔写作，写作过程大部分是在课外或者课内自由完成。传统的作文教学模式大都如此，因此，当老师讲完课后，还有不少愁眉苦脸、咬着笔头不会动笔的学生。于是，日复一日，年复一年，学生依然不会写作文，写不出好作文。语文老师为此苦恼不已，伤心至极。有的老师无计可施只好让学生多读多写，称之为"熟能生巧"，结果，有部分孩子是"生巧"了，也有不少是"生厌"了；更有甚者，干脆让学生背诵范文，实在写不出来的，只好拼凑字数。每到考试前，老师就反复对学生强调：无论如何作文也要凑足 300 字，哪怕写个题目写上几句话也有五分呀！这样的作文教学自然是惨不忍睹——学生的写作兴趣荡然无存！

带着学生读习作要求，审题，选材，继而读几篇范文，讲讲作者哪儿写得好，最后让孩子比葫芦画瓢写。不少老师似乎每次习作都照着这个模式大同小异地讲，没有根据习作内容的不同采用相应的教学方式，有针对性的指导也就无从谈起。写活动侧重场面描写、点面结合，写人物侧重动作、神态刻画，叙事侧重条理清晰、详略得当，写景侧重移步换景、寓情于景，写物侧重有序观察、借物喻人。这些内容不正是学生们希望获得的吗？教师在适当的教学情境中给予学生充分的时间去交流、探索，促使学生在已有的写作经验基础上建构新的写作知识。在学生探索交流的过程中，教师要做的是调控，是不失时机地点拨、指导，带领学生总结反思，明确写作规律，将学生即时产生的、零散的知识点，形成较为系统的认知策略，最终建构情境化的写作认知知识。

有了作文指导，要当堂让孩子操练。亲身下河知深浅，亲口尝梨知酸甜。站在岸上终究是学不会游泳的。教师教了，学生究竟学会了吗？要靠实践去检验，要看学生是否能用这些写作技巧去遣词造句、表情达意。5分钟的作文练笔课，学生怎能学会写作文？学生不会写作文，教师愁、家长愁，干脆让家长送学生去作文辅导班吧。学校该教会的东西推给社会，交给辅导机构，这无疑是不负责任的做法！

（二）目标异化，忽视循序渐进的训练

课标对低中高年段学生作文有不同层次的要求，从遣词造句到谋篇布局，学生的书面表达能力是一步一个台阶慢慢提高的。可是实际教学中，有的教师忽视学生习作的年段目标，从词、句到段、篇，不是扎实推进，而是急功近利地拔高要求，追求学生作文文质兼美、得分高。

如低年级写话，课标上有以下要求："1.对写话有兴趣，写自己想说的话，写想象中的事物，写出自己对周围事物的认识和感想。2.在写话中乐于运用阅读和生活中学到的词语。3.根据表达的需要，学习使用逗号、句号、问号、感叹号。"实际教学中，学生还不能把句子写通顺、写完整，正确使用标点，教师就要求学生写生动、具体，写一两段话。

一次偶然的机会，有位一年级的家长把孩子的期末复习题拿给我看，他说语文老师给孩子们布置了10多篇看图写话。我想进入期末复习了，老师布置的作业偏多也不奇怪。问题在于这10多篇写话练习，是老师选了10多幅图，给每幅图配了一两段话，然后发给家长，让家长打印出来，督促孩子把这些文段读熟甚至背诵下来。我当时很诧异，这是一年级上学期的期末复习，怎么就要求孩子写这样两大段话，老师教过孩子看图写话吗？家长一脸茫然，他说他也不知道。事后家长问孩子，孩子说只是发了这些范文。当然，我相信老师应该会教的，但我想老师无非会提出这样几个问题：图上画的是谁？他们在什么地方？干什么呢？这样的超前教学对一个才学会一百个汉字的一年级学生来说太难了！

目标异化，忽视循序渐进的训练，学生不能跳一跳把桃子摘到，难度偏大。长此以往，学生的写话总达不到老师的要求，会滋生挫败感，写的兴趣会下降。这样不就揠苗助长、适得其反了？

（三）教学内容单一，资源开发不足

部分教师一学期拘泥于一册书中的八篇单元作文，其余的让学生自由写日记。每周练一次或两次笔，数量不少，质量不高。写作教学内容单一，教材上有什么就只讲什么，学生想写什么、喜欢写什么的需求被忽视，久而久之，学生写作的主动性下降，内心对写作就会产生抵触、厌倦情绪。"语文的外延和生活的外延相等。"处处都有写作的题材，可开发成写作教学内容的素材比比皆是。教师要有强烈的课程资源开发意识。丰富多彩的学校活动，有趣好玩的实验、游戏，身边的奇闻轶事，引人关注的社会现象等，都可以成为写作的教学内容。

（四）教学方法机械，缺乏灵活与创新

指导学生写作时，为了作文拿高分，教师教学方法机械，人为地提高标准、设置模式。尤其在文章立意上，更是一味地强调要深刻。写人要表现人物的美好品质，写事结尾处要点出给了自己什么教育或启示，要有满满的正能量。在如此严苛的立意标准下，学生很是迷茫，绞尽脑汁，想不出好的素材，挖掘不出"深意"。只好上百度搜、翻作文书看，东拼西凑，仿作、套作就诞生了。

有的教师过分追求选材精、谋篇巧，而不重视引导学生去观察、去体验，从身边平凡的小事中、常见的事物上产生新的发现和体会。结果高要求、低质量，学生的文章脱离生活，盲目追求写作技巧的精妙，却缺乏真实的情感表达。

（五）教学评价虚化，缺乏针对性

作文批改向来是让老师头疼的一件事，耗时耗力，效果又微乎其微。有多少学生认真看老师的评语，老师的评语又有多少指导性建议，让学生豁然开朗，明确修改要求，知晓修改内容？"内容具体，语言流畅""详略得当，表达有序""注意细节刻画""语言不够生动"，诸如此类的评语在小学生的作文本上比比皆是。孩子们看了跟没看没什么区别，对自己的文章哪儿写得好，哪儿需要调整、修改，还是一头雾水，于是乎收到老师发的作文本，看一眼等级，塞书包里了事。

以上几点造成小学写作教学的无序、无法、低效。

二、小学生作文现状

（一）题材单一陈旧，缺乏新意

作文教学中，我们经常见到学生一个内容翻过来调过去反复使用，套作情况较为普遍。不少学生拿到作文题目后，感到困惑，不知道如何立意，怎样选材。他们不从自己的生活入手，去发掘身边的小事、切身的经历、真实的感受，而是搜肠刮肚回忆作文选中看过的优秀作文，读过的高分作文，曾经写过的所谓佳作，想尽办法迁移过来。一个题材反复用，缺乏新意，让人读来味同嚼蜡。一位学生一篇写妈妈的文章，选择自己生病了，妈妈带其上医院看病的题材，从三年级写到六年级，逢写人的作文就拿来写。内容没什么变化，无非是篇幅长了些，语言略显生动了些，让批改他作文的语文老师啼笑皆非。殊不知不落窠臼、有创意的文章才会令人眼前为之一亮。

（二）内容不具体，缺乏细节描写

读学生作文，读时感觉什么都讲到了，读后又什么印象也没留下。究其原因，是内容空洞，没有叙述具体的事例，或者只有事情的轮廓，缺乏细致的情节，更别提引人入胜的细节了。对事情的发展、高潮交代不明晰，对人物所处的环境、重要的场面、精彩的一幕三言两语带过。缺乏对人物的动作、语言，抑或神态、心理活动的刻画，有的整篇文章看不到人物的一句话，不能较好地凸显人物的特征，出现千人一面、哑巴作文的现象。

（三）表达假大空，缺乏真情实感

学生作文存在的重要问题是写作内容脱离生活，假大空，缺乏真情实感。写一件难忘的事，不少学生写捡到钱包交给老师，公交车上给老人让座等被写了不知多少遍的内容。更有甚者，自己没经历过的，虚构一篇，或把他人身上发生的事写到自己身上，还添油加醋地写些不切实际的细节。没有切身经历，哪来的真情实感？写敬佩的一个人，助人为乐的×××，爱读书的×××，题材出奇的相似。事情的叙述如出一辙，假话、空话、套话充斥于文章中，字里行间流露出的是虚情假意。文章喊口号式的结尾没有拨动读者心弦，没有给人留下余音袅袅的感觉，而是让人读来索然无味，心生厌倦。真实是作文的生命，是文章的法宝。叶圣陶先生说过："作文要说真话，说实在的话，说自己的话，不要说假话，说空话，说套话。"只有记真事、写真人、描真景、状真物、抒真情，作文才会有血有肉，表达才能打动人心。

（四）应付敷衍，缺乏兴趣

不少教师反映学生当堂写的作文还能看，放学后写的和周末写的，就要大打折扣了，字迹潦草、内容空洞、语言干瘪，凑够字数万事大吉。应付差事，敷衍老师的背后，透露出的是对写作缺乏兴趣，提起写作文就犯愁。绞尽脑汁找不到写作素材，不知道写什么，眉头拧成了疙瘩。咬断笔头，团掉一张张草稿纸，仍觉得无从下笔，写出的语句都不甚满意。故一拖再拖，一篇作文从周五晚上磨蹭到周日晚上，仍是纸上空空，心中忐忑。实在没办法了，上网搜搜，翻看作文书找找，东一榔头西一棒槌地胡诌一通，总算完成了任务。待到老师评改完作文，看到过关不用重写，悬着的心总算落了下来。如若需要重写，又是一次炼狱般的折磨。

三、写作测试命题现状

纵观小学语文考试中的写作命题，中高年段以半命题居多，低年段以看图写话为主，辅助简单的写话提示。中高年段的写作命题设计几乎都没有交际语境描述，只有诸如"难忘的_____""第一次_____"等类型的题目。虽然命题前面也有一段文字引入该主题，但这段话并没有营造言语交际的情境，没有让学生明确写作意图。部分考试作文题目，被学生戏称为"万能题目"，如"_____真令我_____""那次_____"等，这些题目既能写人，又能写事，更让人心动的是以往写过的写人记事文章，都可以轻松套进去。学生考试时经常遇到诸如此类的题目，就容易形成固有思维：考试作文不用怕，提前背一两篇范文即可，而且这一两篇范文可以反复使用，甚至跨年级使用，屡试不爽，效果挺好。于是平日里写作文、记日记就更加懈怠、散漫，草草完事。考试作文并未真正起到检测学生真实写作水平，激发学生用心学作文、学语文的作用。

四、写作教学理念陈旧

（一）读多了自然会写

有人把"读书破万卷，下笔如有神"理解为读多了自然就会写。于是，不少老师甚至是学科专家都认为只要加强阅读，学生的写作能力自然就提高了。毋庸置疑，阅读肯定能促进写作，但阅读不能代替写作。在这样的理念指导下，我们看到不少教师淡化写作教学，认为作文不是教出来的，是靠学生在读书的过程中悟出来的。积淀丰厚了，自然下笔传神。可事实却不容乐观，许多孩子课外书读得不少，却仍然不爱写、不会写，写出来的文章白开水一杯。其实，近年来在全民阅读的理念影响下，很多低年级家长从孩子上幼儿园时就开始亲子共读了很多绘本，上小学后，又引导孩子读注音读物。孩子阅读量提高了，可是写话时依然无从下手、眉头紧锁，实在不得已就向家长求助。这都是"重积累轻表达"的结果。

（二）我手写我口

提出这种理念的老师虽然关注到了口头表达与书面表达之间的联系，但忽略了它们之间的根本区别。口头语包括对话语和独白语，尤其是对话语缺乏逻辑性，也不够简洁。如果让孩子直接把对话语转化成书面表达就容易出现思路不清、重复啰嗦、表达不够准确的现象。因为口头表达比较跳跃，书面表达是线性的，逻辑性强。我们还常常看到这样的场景：低年段老师在指导孩子看图写话时，一边引导孩子仔细观察，一边让孩子口头表达。有不少孩子说的时候非常流畅，表达也生动形象，但一落笔就困难了，根本做不到我手写我口。一是孩子的口语表达能力要远远超越他们的书面表达。孩子从咿呀学语到动笔表达，中间差了几年的时间，表达能力上也就相差甚远。二是从口头表达到书面表达需要转换。口语多用单音节词，方言、俗语、熟语常见，句子结构松散，表达不简洁，还容易出现句子不完整，省略成分多。而且口语随意性强，易偏离话题，说着说着就走题了。书面语较口语而言，强调句子要完整、连贯，表达要规范、严谨。学生会说未必会写，从口语表达到书面语的转化，是需要科学指导、强化训练的。

（三）先写后教，以写定教

"先写后教，以写定教"也是近年来有专家提出的一种写作教学理念，同时受到一线老师的追捧。"先写后教，以写定教"是让学生明确写作任务后，先跟着感觉写，上交文章，然后老师针对学生文章中存在的共性问题及部分孩子文章中的闪光点进行讲评，接下来学生修改文章，二次习作。这种写作教学模式的优势在于学生不用考虑技巧，更能自由发挥，弊端在于写作水平不高的学生在完成第一遍习作时就困难重重，硬着头皮写，选材老套或文不对题，表达没逻辑，条理不清晰。而写后第二遍的修改常常是推翻原稿重写，学生挫败感强，写作积极性不高。"先写后教"尤其不合适低年段写作教学，低年段孩子刚开始写作学习，可以自主写一写简单的日记，但写作的基本技能还是需要在老师的指导下进行训练的，比如标点符号的认知与运用、规范的书写格式等。

以上从四方面描述了我所看到的写作教学现状，观点可能略显偏颇，但现状记录还是真实的。认识现状、发现问题，我们就要有针对性地去解决。一味地抱怨学生写作水平低是不负责任的行为，我们首先要从写作教学改进与创新做起。在教学中努力创设适切的写作任务情境，尽可能地架起课堂和生活的桥梁，让学生在趋近真实的情境中，注意到读者的存在，在任务驱动下学习写作技能，提高写作技能。

深圳市龙岗区实验学校　平丹丹

小学低年段写作教学现状分析

著名教育专家王荣生教授曾在《写作教学的检讨和前瞻》一文中指出：我国中小学语文课几乎是没有写作课的，这是因为许多在写作教学中流行的理念、知识、教学方法和学习方法并不是科学的，有些是违背儿童发展规律的，有些甚至是错误的。这也就是为什么写作一直是广大师生"谈之色变"的老大难问题。随着我国语文教学的改革，写作教学研究受到了专家学者的重视，研究成果也层出不穷，这对于解决改变我国写作教育中根深蒂固的问题有重要作用，但令人迷茫的是学生的实际写作能力并未得到预期的发展，这不得不引起我们的重视和反思。正视我国写作教学中存在的问题，明确写作教学的追求目标和方向，明确写作教学的内容和要求，无疑是寻求解决方法的突破口。

在上一篇文章中，作者从四个方面描述了小学语文写作教学的现状及存在的主要问题。现在，我们试着来分析这些问题或现象背后的原因，我们将以低年段写话教学为例，从课程标准、写话教材、写话教学形式与方法、写话教学评价等方面进一步来探讨。

一、课程标准过于笼统

语文课程标准进行了多次修订，也在不断地完善，但就写作教学而言，课程标准的内容还是不够系统，不够具体。笔者认为写作课程标准问题主要体现在两个方面：

（一）写作教学概念不清

关于"写作"教学的阶段目标，不同学段采用了不同概念：第一学段（1—2年级）是写话，第二学段（3—4年级）和第三学段（5—6年级）是习作，第四学段（7—9年级）是写作。虽然课标制定者的出发点是好的，但是"写话""习作""写作"这三个概念之间究竟有什么联系与区别呢？它们的区别是指学习的难度不同还是具体要求不同，或是写作教学的方式不同？这些问题在语文课程标准中找不到具体的答案。

"写话"是把要说的话写下来，怎么想就怎么说，怎么说就怎么写，这是小学低年级最初的习作训练；"习作"，从语义层面看是"练习写作"或"学习作文"；"写作"是运用语言文字进行表达和交流的重要方式，是认识世界、认识自我、进行创造性表述的过程。如上所述，那么，第四学段的初中生就不需要练习写作，而直接进行创造性表述了吗？其实不然，无论是小学还是初中，甚至是高中或大学，学生对刚接触到的文体写作都是从模仿到创造性表述的，所以，笔者主张使用统一概念——写作，对不同学段提出不同教学目标与具体要求。低年段"写作"课程目标可以针对文本写作提出要求：主要是以"语句"和"语段"写作为主，但也有留言条、日记和通知等"语篇"写作，还可以尝试写简单的故事和儿童诗，只是写作教学要求要降低，如：要求掌握基本的书写格式；写作时合理使用标点符号和常用词语、句式，能够把意思表达清楚；学习写简单的故事，篇幅可以简短一些，内容不要求达到具体、丰富等。

（二）阶段目标不明

小学语文课程标准对写作教学提出了这样的总体目标："能具体明确、文从字顺地表达自己的见闻、体验和想法。能根据需要，运用常见的表达方式写作，发展书面语言运用能力。"

对于写作总目标我们可以这样理解："文从字顺"是指语言表达能力；"自己的见闻、体验和想法"是指写作内容要真实；"根据需要，运用常见的表达方式写作"是指写作要有一定的目的，要学会运用五种基本表达方式（记叙、说明、议论、描写、抒情），提高语用能力。那么，这些目标怎么具体化并落实到位呢？我们来看看各学段的阶段目标与内容。

第一学段"写话"

1.对写话有兴趣，留心周围事物，写自己想说的话，写想象中的事物。

2.在写话中乐于运用阅读和生活中学到的词语。

3.根据表达的需要，学习使用逗号、句号、问号、感叹号。

从以上三句话，我们获得的信息是关于写作"兴趣""习惯""内容"和"标点符号运用"方面的要求，但在"语言表达""书写格式""文本形式"等方面均没有明确要求。

第二学段"习作"

1.乐于书面表达，增强习作的自信心。愿意与他人分享习作的快乐。

2.观察周围世界，能不拘形式地写下自己的见闻、感受和想象，注意把自己觉得新奇有趣或印象最深、最受感动的内容写清楚。

3.能用简短的书信、便条进行交流。

4.尝试在习作中运用自己平时积累的语言材料，特别是有新鲜感的词句。

5.学习修改习作中有明显错误的词句。根据表达的需要，正确使用冒号、引号等标点符号。

6.课内习作每学年16次左右。

以上六点主要是对写作态度和习惯，写作内容、写作量，标点符号运用和实用文体写作等提出了要求。但对写作基本技能的要求很淡化，比如：对常用词语、句式和修辞的运用，以及选材、构思、表达等写作技能的学习没有提及，还用"不拘形式地写"来模糊文体写作。

第三学段"习作"

1.懂得写作是为了自我表达和与人交流。

2.养成留心观察周围事物的习惯，有意识地丰富自己的见闻，珍视个人的独特感受，积累习作素材。

3.能写简单的记实作文和想象作文，内容具体，感情真实。能根据内容表达的需要，分段表述。学写读书笔记，学写常见应用文。

4.修改自己的习作，并主动与他人交换修改，做到语句通顺，行款正确，书写规范、整洁。根据表达需要，正确使用常用的标点符号。

5.习作要有一定速度。课内习作每学年16次左右。

第三学段对写作目的、写作习惯、写作量、书写格式等有明确要求，对文体写作也提出了具体要求，但始终没有对五种表达方式和过程化写作提出具体要求。

课程标准是教材编写、教学评价和教学设计的依据。一线教师渴望从课标中获得清晰的、可操作性的指导意见，也就是能从课标中知晓每个学段要养成哪些良好的写作习惯，习得哪些写作技巧，掌握哪些文体写作，培养什么写作能力等。遗憾的是，从一至三学段的"阶段目标与内容"描述来看，我们看不出写作课程的设计框架，也没有具体而明确的教学要求。而部分一线教师对课标的解读不够深入，老师的教研能力、教学水平参差不齐，对写作教学内容的选择不当，结果直接影响写作教学效果。

二、写作教材设计不具体

一直以来，我国中小学写作教学没有专用教材，只在语文教材中安排了单元习作。对大多数一线教师来说，语文教材是教学的唯一选择，教材有什么，老师就教什么。在原用的人教版语文教材中，每次的单元习作只对命题、写作内容及要求作简单说明，对写作过程几乎没有指导。老师只知道每次习作让学生写什么，至于为什么写，每次写作应该训练学生哪些写作技能等，无论是教材还是教师用书都没有提供具体策略。随着课改的深入，语文教材进行了新一轮的改版，现行的统编版教材除了每个单元安排了单元习作，从三年级开始还设置了独立的习作主题单元，而且课后练习也增加了不少写作小练笔，从整体上加强了写作教学的内容。但单元习作的"写作任务设计"还存在一些问题，以二年级上册第3单元"写话"为例，这是教材中第一次正式出现的写话教学，本次写作是介绍自己喜爱的玩具。教材中是这样描述写作任务的：

每个人都有自己喜爱的玩具，你最喜爱的玩具是什么？可以说说它是什么样子的，也可以说说怎么玩，先和同学交流，再写下来。

写作提示：我会写在方格纸上，我知道标点符号也要占一格。

写作任务设计是帮助和指导学生写作的，我们通过以上说明可以获得这些信息：①本次写作的对象及内容：介绍自己最喜欢的玩具，从玩具的样子或玩法来写；②写作过程与方法指导：先说说，再写下来；③本次写话教学目标之一：要求学生掌握基本的书写格式。从以上内容来看，首先，老师和学生能够知道写作的对象及内容，但要写成什么样的文本形式没有具体说明；其次，"怎么写"还涉及写作方法与过程指导，教材和教参也没具体指导意见；最后，本次写话教学除了掌握基本的书写格式外，还要教什么也无更具体的说明。然而，写作教学不仅要解决"写什么"，还要解决"怎么写"的问题，因此，笔者从这两个角度作出了如下探讨：

（一）写什么

本次写作任务设计对"文本形式"没有明确要求，是写几句话还是写一两段话，或是写成一个简单的语篇？如果是写成"语段"或"语篇"就要考虑到行文格式，除了原来的"写在稿纸上，标点符号要占一格"，还应该提出这样的要求：每段开头要空两格，标点符号一般情况下不能顶格写。这是基本的行文格式，应该让学生学习和掌握。也许编者是考虑到学生的个体差异，不同地区学生的表达能力各异，因此，没有作具体要求。但如果没有一个基本目标说明，老师在设计教学目标时就把握不准，老教师凭经验可能制定出比较合理的目标，而新教师往往会拔高要求，增加写话的难度。

（二）怎么写

本次的写作素材是通过观察获得的，那么，怎么指导学生观察并根据观察信息转化为语言表达呢？一线老师在这些方面缺乏研究，没有比较科学和系统的教学方法。于是，大部分老师采取的做法就是给学生读一读优秀范文，让学生模仿写，这样的结果是一起步就让学生进行"语篇"写作了。

由于写作任务设计不够具体和完善，导致老师教学目标不明确、教学随意性大的问题：在实际教学中，有的老师要求学生写一段话，有的要求写两段话，甚至有老师要求学生写成一篇"三段式"的小短文。

三、写话教学形式与方法单一

由于写作太难教，有的老师不会教，有的教不会，有的干脆不教。根据长期的课堂教学观察，我发现低年段老师采用的写话教学形式以"看图写话"为主，也有老师会结合阅读教学进行仿写训练，还有老师是把口语交际内容转化为写话内容。当然也有少数老师会选择其他教学形式，如：借助绘本进行写话训练，引导学生观察生活，写观察日记等，但大多数老师还是单一地采用"看图写话"的形式。在教学方法上，老师们主要是采用这样三种方法：一是按"分析题目—讲解要求—范文引路"的流程教；二是通过"指导看图，先说后写"的方法教；三是采用"由句到段，分步训练"的方法教。采用第一种方法的老师最多，但这种教学方法的实效性比较差。教师的写作教学理念落后，对低年段写话教学认识有偏差，主要表现在以下三个方面：

（一）重语言积累轻表达训练

根据低年段语文教学目标和学生的学习特点，低年段语文教学以语言积累为重心。因此，在低年段语文教学中，我们可以看到大量的语言积累训练，比如识字、写字、朗读、背诵等，但能做到在关注语言积累的基础上，对孩子加强表达训练的老师不多。如果语言不运用，那就成为静态的语言知识，无法转化为语文能力。发展学生思维，提高学生表达能力，既要重视语言积累，更要加强表达训练。现行的统编版语文教材的编者，特别重视学生语用能力的培养，在教材中增加了很多这类练习，如：仿照样子，用加点的词语（常用动词；形容词；副词，如：才、在、到底）练习说话；用上"有时候……有时候……"来介绍自己的日常生活；根据图片写话；选几个词语说说某处景物；等等。尽管教材中有设计，但这类练习大部分是口头表达，未能引起老师的足够重视，碍于教学时间有限，在课堂中老师往往没有给出足够的时间让学生训练。

（二）重技能训练轻兴趣培养

第一学段的写话教学应该把培养学生写话兴趣作为首要目标，但"有60%的教师认为建立一定的习作基础是写话教学的首要考虑因素，只有25.71%的教师认为培养学生的写话兴趣是教师在进行写话教学时首要考虑的内容，还有12.86%的教师认为培养良好的写话习惯是首要因素，最后，只有一位教师选择了其他内容，她认为写话教学应该教学生积累知识"[1]。

由此可见，大部分教师重视表达技能的学习，对低年段写话教学的阶段目标理解不到位，定位不准确，自然会影响教师对教学内容和教学形式的选择，忽略学生的认知特点和学习兴趣。比如：低年段学生对生活中常见的小乌龟、小金鱼和小蝴蝶等动物感兴趣，对神奇的含羞草等植物充满了好奇。但我们大部分老师在教学形式上是以看图写话为主，在评价上侧重学生的语言表达能力，这样的写作教学违背了课标要求。低年段写话应该是以培养写话兴趣为首要目标，其次是培养学生良好的写作习惯，最后才是学习基本的表达技能。

（三）重模仿轻创新能力培养

在日常的写作教学中，很多老师喜欢用"范文"来指导写话，或者学完一篇有写作特色的课文就让孩子仿写。根据低年段孩子的学习特点确实应该从模仿开始，在写作起步阶段这样的教学方法也是有效的，但如果我们的写话任务设计以仿写为主，很容易让孩子的表达模式化，不利于孩子的思维发展，更不利于培养孩子的创新能力。因此，我们要重视写作过程的指导，贴近儿童生活来设计写话任务，从观察方法到语言表达都要给孩子具体的方法指导和训

---

① 李雯. 小学低年段写话教学的现状、问题及对策研究 [D]. 上海：上海师范大学，2019：35.

练，这样才能让孩子有创造性地表达，才能真正提高孩子的表达能力。

四、写话教学评价体系不完善

教学评价具有诊断、激励、调控、教学、导向等功能。然而，由于低年段老师对写话教学的重视不够、认识不足，在写话教学评价方面更是缺乏思考与研究，没有太多创新的做法，因此，在教学评价上也存在一些问题，主要反映在评价标准、评价内容、评价主体与方式上。

（一）评价标准模糊、笼统

"当前我国中小学写作教学评价方面的确存在问题。主要体现在三个方面：一是没有统一的、公共的标准，有的是个人个性化的、感性的标准。二是标准没有针对性。三是标准没有发展性。"①低年段教师对每次写话教学的具体目标不够清晰，在谈及写话教学的评价标准时，大多数教师说得比较笼统，几乎都是针对孩子的语言表达技能进行点评，所以无法建立一个比较完善、系统的评价标准。其实，除了语言表达技能，还可以从学生的写作态度、习惯和写作思维等方面来进行评价。

（二）评价内容缺乏针对性

低年段老师大多数是根据学生的写作结果进行书面点评的，因为我们"现有的一些标准都是终结性评价的标准，着眼于全篇的标准，没有过程性评价的标准、着眼于某一能力专项的标准"②。因此，教师的写话评价内容也缺乏针对性。比较常见的评价语有"语句（不）通顺；用词造句（不够）生动、形象；（不）能正确使用标点符号"等。至于哪个词语用得好或不好，哪个句子写得生动，老师很难通过书面点评来引导学生体会。另外，低年段的写话指导课一般以说为主，说完后再写，但课堂内写作的时间有限，有不少老师让孩子回家完成写话作业，自然老师很难关注到孩子在写作过程中的问题与现象，无法作出过程性评价。

（三）评价主体和方式比较单一

在日常的教学中，语文老师批改作文的方法主要有两种：一是老师课后

---

① 郭家海，裴海安.谈谈中小学写作教学的评价标准[J].新作文（中学作文教学研究），2018（6）：13-18.
② 同上。

批改；二是课堂上学生相互评改。由于低年级孩子自主评价的能力还很薄弱，所以低年段写话作业基本是老师课后批改。当然，也有老师把孩子习作发布在家长群里，让家长参与评价，或者选择部分作品展示在班级展览墙上，但仅限于部分优秀作品。其实，对于低年级孩子来说，一对一的面批效果会更好，一是因为低年级的孩子看不懂诸如"语句通顺、描写生动、内容丰富"等评语；二是面批面改的针对性强，更有实效。当然，这样做会增加老师的工作量，建议老师轮流面批，每次选择几位写话有困难或有进步的孩子进行面批。

另外，教师在习作批改形式上也比较单一，大部分老师采用"分数或等级＋评语"的方式。有不少学校还要求老师在批改作文时既要修改，还要有眉批和总评，很多责任心强的老师对学生习作精批细改，耗费了大量的时间和精力。如果按时间计算，语文老师花在批改作业上的时间是其他科任老师的几倍，特别是中高年段语文老师，除了单元习作，还有周记或日记，有老师还布置孩子写其他练笔，如果都要全批全改，语文老师真的太辛苦了！这样批改作文是件吃力不讨好的事，尤其是对写作能力低下的学生，几乎每次都是老师帮孩子重新改写了一篇习作，当然，这种精批细改的方式对于优秀学生来说可能会有所收获，但并不适合写作有困难的学生，更不合适低年段学生，因为低年段学生更需要鼓励和指导，而不是精细的批改。

为了提高写作教学质量，老师们不断想办法改进自己的教学方式。我们低年段"分级分类写作"课题实验班主要是采用"分步写作"教学法，要求教师必须在课堂内完成写作指导与训练，并且达标率为80%，即有80%的孩子能当堂完成习作，或大部分孩子能在课堂中完成80%的写作任务。所以，老师会针对每次写作教学目标及时发现问题和反馈学习效果，并在课堂上进行展评。

从以上分析来看，我们的写作教材在逐步优化，但各学段的写作课程标准还有待完善，写作教学评价也需改进。除此之外，我们的写作课程还存在着写作知识体系不完善、写作训练量不足、写作教材不够具体等问题。分析问题是为了更好地解决问题，只有归因正确才能对症下药。虽然我们的写作教学存在各种问题，但从课程专家到学科研究者，大家都一直在不断深入探究，希望能找到解决写作教学难题的金钥匙，让我国的写作教学有更大的突破和进展。

深圳市龙岗区教师发展中心 龙咏梅

小学低年段写作"教什么"与"怎么教"

一直以来，老师和专家们对小学写作教学的关注点大都聚焦在"怎么教"的探究上。在长期的教学实践中，有不少优秀教师摸索总结了各种形式不同、风格各异的写作教学模式，比如：广东省特级教师丁有宽的读写结合模式；江苏省特级教师李吉林创立了情境教育理论体系及操作体系，于是便有了情景作文教学模式；还有自由作文模式、双轨作文模式等。有人把这些教学模式总结为《当前小学作文教学的十五种常见模式》，这些模式的确使作文教学更加科学化、具体化，从而大大提高了写作教学效果。

尽管如此，写作教学仍然是老师们最头疼的问题，因为我们的语文课程是以阅读为主导的，没有具体的写作课程内容及教学要求。虽然刚使用不久的统编版小学语文教材增加了写作教学内容，写作教材也有了相对具体的要求和说明，但小学语文写作课程标准没有进一步修订，还是没有针对每个年级甚至每个学期提出具体的写作教学要求，所以，一线教师依然是在一次又一次地教写作，但不清楚这次写作与下次写作的教学目标有什么不同，在学习难度上有什么梯度，更无法做到系统地制定教学目标，并形成写作教学体系。

为了帮助一线老师解决这个难题，近几年，我们致力于低年段写作教学研究，尝试把写作教学的关注点转向"教什么"，通过实践研究我们有了自己的收获与思考，在此与大家分享。

一、低年段写作应该"教什么"

其实，老师们的困惑主要来源于对课标的理解。现在，我们来逐一解析低年段"写话"教学目标。

首先，从"对写话有兴趣，写自己想说的话"这句话中我们可以知道：在低年段写作教学中，老师不仅要注意培养孩子的写话兴趣，同时还要对孩子的写作态度提出要求——真实表达，不说假话。但从哪些方面入手，怎么培养孩子的写话兴趣却没有具体说明，估计不少老师也不得而知。

其次，"写想象中的事物，写出自己对周围事物的认识和感想"这句话指向写作的对象及内容。"想象中的事物"或"周围事物"可以是人物、动物、植物、景物、建筑物等。然而，选择的标准是什么？哪些事物适合作为低年级写作的教学资源？这对老师们来说都是教学难点，因为在选择写作对象或内容的时候，我们不仅要了解孩子对什么事物感兴趣，还要清楚这种事物是否符合孩子的认知水平，以及相关写作内容是否超越低年段学生的表达能力。

再次，"在写话中乐于运用阅读和生活中学到的词语"这句话是要求低年级孩子养成积累语言的习惯，并在写话中尝试运用积累的词语。我想大多数老师应该都很重视培养孩子的阅读与积累习惯。

第四，"学习使用逗号、句号、问号、感叹号"，从这句话中老师们知道要教会学生使用四种标点符号，也就是在写话过程中要让学生学会使用三种基本句式。

课程标准只提出简单的目标而没有具体要求，这对一线老师来说是难以操作的。依据小学语文课程标准对低年段写作教学目标的表述，我们认为低年级写作教学主要是培养学生的写话兴趣，让学生养成观察与积累语言的习惯，同时，掌握观察周围事物（包括观察图画）的基本方法，以及进行书面表达的基本技能，包括书写格式、标点符号、常用词语、常用句式的运用等。因此，我们对低年段写作教学提出了以下具体要求：

（一）培养学生写话兴趣

要让孩子对写话有兴趣，就要激发孩子的写作动机。动机从来源上可以划分为两大类：内在动机和外在动机。从低年段孩子的写作动机来看，主要是外在动机。一方面，他们之所以愿意写是因为老师或家长要求他们写，而且考试也要考写话；另一方面，他们的写作动机也源于老师的激励和同学的赞赏。但是，我们在教学中，不能只着眼于简单的外部奖励，而应更重视激发学生的写作兴趣，我们要让孩子感觉写作这个事情是有意思的。比如，低年段孩子一般对可爱的小动物或奇特的植物感兴趣，我们就要激发他们的好奇心，提出他们感兴趣的问题，然后鼓励他们进行观察，再把观察的事物简单写下来，这样就有话可写了。同时，在写作过程中要给学生提供写作支架，教会他们观察与表达的方法，并及时给予鼓励和表扬，这样他们就愿意动笔写了。这种内部动机才是稳定而持久，让学生长久受益的。

（二）养成良好的写作习惯

我们都清楚良好的写作习惯对孩子今后的学习有积极意义，我们可以从以下几方面去落实：

（1）书写工整。为了养成良好的书写习惯，我们老师平时要加强孩子的书写训练，要求学生尽量做到书面整洁。

（2）保持流畅。为了保障写作思路的连续性，要努力做到"思维"与"书写"同步：一是要求学生有一定的书写速度；二是要求学生遇到写作障碍时尽量跳过去。比如：学生写作时经常遇到有的字不会写，应该让学生跳过去或用其他符号、图形暂时替代，写完后再解决不会写的字。

（3）积累语言。平时养成积累语言的好习惯，学会摘抄优美语句，并背诵优秀文段。

（4）真实表达。写话时要求学生写自己想说的话，不编造，不说空话、假话。更重要的是贴近儿童生活来设计写作任务，这样学生才有话可写。

（三）掌握基本的观察方法

在低年段写话教学中，学生获得写话素材的主要途径是观察。观察的对象除了来自生活的各种事物，还有就是图画或照片。

1. 观察图片的基本方法

从一年级看图说话开始，首先，要教会学生分清图画中的主角和背景，能抓住图画的重点来表达。其次，要指导学生学会从整体到部分的观察方法，并且在观察的基础上展开想象，想象图画中的人物当时是怎么做的，怎么说的，还会想什么等细节。最后，还要教会学生根据图片内容进行"推前想后"，推测事情的起因和结果。当学生进入二年级后，可以使用多幅图作为写话教材，同时进行分段写话训练，具体方法我将在"看图与表达"教学导航中给大家介绍。

2. 观察周围事物的基本方法

"客观事物要成为写作材料进入我们的写作，必须被我们意识到，只有通过有目的的观察我们才能意识到客观事物的存在。因此，观察习惯的培养，观察方法的指导，以及观察能力的提高是写作的根本基础。"[①] 在指导学生观察周围事物的时候，我们要求学生掌握以下观察方法：

（1）从整体到部分，抓住事物特点。老师在指导学生观察时，都知道要

---

① 陈果安，何纯，王定.写作学基础 [M].长沙：湖南师范大学出版社，2008.

按一定的顺序：从整体到部分、从远到近、从上到下等，但有些老师没考虑到不同年级应该有不同要求，比如：低年段学生观察的精确性低，很难关注到细节，所以老师在指导观察时应侧重整体，不宜过于细致。另外，低年段学生的信息承载量有限，如果指导过细会增加难度，干扰学生的有序表达。

（2）多角度观察，逐步提高要求。虽然我们强调低年级的观察不过分关注细节，但可以指导学生从不同角度进行观察。比如：观察植物可以从"形状"和"颜色"进行观察；观察动物可以从"外形"和"活动"等方面进行。到了二年级下学期或三年级上学期，可以逐步提高要求，指导学生关注事物的细节，如观察植物的时候可以摸一摸叶子，看一看叶子的颜色、形状，看一看花瓣、花蕊等。

（3）用关键词记录观察结果。为了帮助孩子实现从"观察"到"表达"的转化，老师在指导孩子观察的时候要教孩子学会用关键词记录观察结果，然后根据关键词来"连词成句，连句成段"进行表达。

（4）合理展开想象或联想。在指导观察的时候要引导学生合理展开想象或联想，尤其是对于想象比较丰富的低年级孩子，有了联想和想象学生的表达才会更具体、更生动。

（四）掌握基本的写作技能

写作是借助语言文字进行书面表达的一种基本技能，写作所涉及的表达技能包罗万象，但对于低年段来说，他们是以"语句"和"语段"等文本写作为主，所以，只要掌握以下基本的书面表达技能就能满足他们的写作需要。

1.掌握正确的书写格式

书写格式包括行文格式和各类文体（特别是实用文体）的写作格式。行文格式大致有文章题目的占格位置，段落起始要空两格，标点符号的占格等；掌握常用文体（如儿歌、通知、留言条、请假条）的写作格式。

2.学习基本的语言表达技能

（1）学会使用六种常用标点符号。语文课标在第一学段的"写话"目标中只明确提出学会使用逗号、句号、问号和感叹号，但我们建议尝试使用冒号和双引号，因为我们发现不少低年级孩子在写作的过程中会描写人物语言，如果老师没有提前教学，那么，学生在描写人物语言时要么不会用标点，要么乱用。尽管老师在批改作业时会给予纠正，但不少孩子没有真正理解标点符号的作用和使用方法，总是出现同样的问题，养成不良习惯后就难以改正了。

（2）学会积累语言并正确使用。低年级要学会运用常见的名词、形容词、动词和数量词等。统编版语文阅读教材课后的练习题中有不少这类训练，以下是二年级上册第七课《妈妈睡了》的课后练习：

> 读一读，照样子说一说，看谁说得多。
> 明亮的眼睛　　水汪汪的眼睛　　（　　　　　　）的眼睛
> 乌黑的头发　　波浪式的头发　　（　　　　　　）的头发

这道练习题的设计目的就是让孩子学会运用形容词。这类练习题在低年段的阅读教材中比比皆是。

（3）学会运用各种常用句式。常用句式有单句和复句。单句有二要素、三要素或四要素句，比如：谁，干什么，什么时间，在哪儿，发生什么事等。除了这些句式，还可以引导孩子尝试运用各种常用复句，比如"一边……一边……""有的……有的……还有的……""因为……所以……""虽然……但是……""如果……就……"，有不少绘本就是以这些简单的复句来表达的。比如：《逃家小兔》就运用了"如果……就……"；《我妈妈》用了"是……还是……"和"……像……还像……"。所以，我们可以采用绘本读写的方法进行训练。当然，对能力较强的孩子，也可以引导他们尝试运用一些特殊句式，如把字句、被字句、连动句等，训练的时候，老师不必给孩子讲解概念，只要结合具体的语境引导运用就好。

（4）学会运用几种典型的"语段"表达方式。低年段孩子在进行书面表达时最困难的就是怎么清楚、连贯地写出一段话。我们经常会看到孩子写的语句不通顺，甚至让人看不明白。我想可能是老师在日常的教学中，没有科学而系统地进行"语段"写作训练。因此，加强训练才是解决问题的根本途径。但是，"语段表达框架"的种类纷繁复杂，我们可以选择一些典型的、常见的段落框架教给学生。那么，哪些是最基本、最典型的语段表达方式呢？根据我们的阅读经验，并结合低年段孩子的认知水平，我们在教学中尝试了以下几种语段表达方式训练：①按"总分结构"来表达。我们可以结合低年段孩子的生活情景来设计教学，比如：放学后，操场上可真热闹！请你围绕这个句子来写一段话，把同学们在操场上活动的情景写出来。②按"活动流程"来表达。比如：用上"首先……接着……然后……最后……"来写一写你是怎么做"手工纸飞机"的。③"按时间顺序"来表达。统编版二年级下册第四单元的看图写话，就是要求孩子按时间顺序来写故事。另外，还可以按"空间方位顺序"和"事情发展顺序"来表达，但这些语段表达方式更适合中年段和能力较强的孩子学习。

（5）尝试运用两种常用修辞手法。低年级学生想象比较丰富，不少学生在口头表达中，已经会运用比喻和拟人了，所以，老师完全可以引导学生在写作时尝试运用。比如二年级上册第十三课《寒号鸟》的课后练习中有这样一道题：

读一读，照样子说一说。

这道题的设计意图就是让孩子感知比喻的表达效果。在阅读教材中只提出说一说的要求，其实，在写作教学中我们可以让孩子尝试运用了。

（五）掌握文本写作技能

"文本，是指书面语言的表现形式，从文学角度说，通常是具有完整、系统含义（Message）的一个句子或多个句子的组合。一个文本可以是一个句子（Sentence）、一个段落（Paragraph）或者一个篇章（Discourse）。广义'文本'：任何由书写所固定下来的任何话语。（利科尔）狭义'文本'：由语言文字组成的文学实体，代指'作品'，相对于作者、世界构成一个独立、自足的系统。"[①]本书稿中的"文本"是指广义的文本。低年段的文本写作是以语句和语段为主，比如根据图画内容写一两个意思完整而简单的句子或语段，或者把自己观察的内容用简单的语句或语段表达出来。当然，低年段也开始学习简单的语篇写作了，比如留言条、日记和简短的故事等。

以上从写作兴趣和习惯的培养，观察方法和写作技能训练以及文本写作等方面提出了具体要求，这样有利于教师进行教学。但无论是写作兴趣和写作习惯的培养，还是写作技能的提高，都不是一蹴而就的，需要长期的训练和积累。所以，我们要让孩子在写作中体验表达的愉悦，从而激发孩子的写作兴趣，更要加强孩子的语言表达技能训练，只有会写了孩子才愿意写，甚至喜欢写。

———————————

① 鲁勤.从文本内容到文本语言——教学关键问题解决方案示例 [J].基础教育课程，2016（7）：41-47.

那么，怎样把这些写作教学目标落实到具体的教学中呢？我们继续探讨另一个重要问题。

二、低年段写作"怎么教"

低年段写作"怎么教"是基于教学目标、班级学情和教学规律等各方面的综合思考。所以，我们在选择教学策略时要符合儿童语言、思维等各方面的发展规律和认知特点，同时还要遵循一定的教学规律。

（一）遵循语言学习规律

1. 从口头表达到书面表达

对于低年段写作，有人提出"我手写我口"的教学主张。虽然这是符合语言学习规律的，但持这种观点的老师也许忽略了口头语言与书面语言的差异，有些口头语言并不能直接转化为书面表达，所以，在转化过程中老师要及时指导，特别是在表达的"连贯性"和"逻辑性"方面要加强训练。例如：在进行看图写话教学时，老师先指导学生观察图画，然后引导学生简单描述图画内容。表达的时候可以按"先说后写，从口头到书面"进行转化。说的时候要按中文的表达习惯，把句子说通顺，并符合基本语法规则，做到语句连贯，有逻辑性。可以按"什么时间？什么地方？谁？干什么？结果怎么样？"这样的思路，先用上合适的连接词，把这几个问题的答案串联起来说一说，再写下来就能表达清楚了。另外，如果要降低书面表达的难度，还可以借助"图示＋拼音＋文字"的方式。

2. 从语句到语篇逐步提升

低年段写作启蒙可以根据具体学情来定，但无论从什么时候开始，我们都要遵循从"语句—语段—语篇"逐步提升的教学规律。比如：在训练一年级学生看图写话时，有的老师会使用"多角色情景图"，因画面中有多个角色，有的孩子自然会联想图画中的人物会说什么，这就涉及人物语言描写了。虽然看图说话没问题，但写话时，要加上人物语言描写就有问题了，因为一年级孩子不会使用冒号和双引号。而且一起步就从"语段"写作开始无形中增加了学生的学习难度。所以，合理选择写作对象或素材是关键。一年级是以"句"的训练为主，可以选择简单的无背景图和单角色图作为素材；到二年级后，可以写段，甚至是简单的语篇训练为主，可以选择"多角色情景图"或学生喜欢的事物作为写作素材。

3.在写作实践中学习写作

既然写作是一种表达技能，那就应该让学生在实践中学习。也就是说，学习游泳要让孩子在水池中练习；学习绘画就要让孩子用画笔在图画纸上涂鸦；同样的道理，学习写作就要让孩子用笔在稿纸上书写自己的所见所闻、所思所想。我国传统的写作教学经验是"悟得"，就是让学生多读多写，自读自悟。固然，多读是能促进学生的表达，但要从阅读中悟得写作方法并学会运用，只有少数优秀学生能做到，而大部分学生必须在教师的指导下通过"习得"来掌握写作技能，低年段学生更是如此。然而，要教会学生写作必须解决两个基本问题，即"写什么"和"怎么写"。

（1）低年段学生可以"写什么"。

"写什么"牵涉到写作对象、写作内容和文本形式等。对于低年段写话教学来说，写作对象的选择要贴近孩子们的生活和认知水平，写作素材一般是通俗易懂的图画，孩子感兴趣的玩具、小动物或者是他们熟悉的人物等。现在，我们根据低年段孩子的认知水平和表达能力，以他们喜欢又常见的小金鱼为例进行写作任务设计。

写作任务一：介绍小金鱼。

刚才在观察小金鱼时，你看到了什么？发现了什么？想到了什么？你能把自己看到的、想到的或发现的秘密告诉其他小朋友吗？请你写2～3句话来介绍小金鱼，写清楚小金鱼的样子和它在水里玩耍的情景。

要求：1.把句子写通顺，让别人能读懂。2.正确使用标点符号，比如：逗号、句号、问号和叹号。3.如果你是写一两段话，记得每段开头要空两格。4.如果你学会了写日记，也可以写一篇观察日记哦，写的时候要注意日记的写作格式。

写作任务二：观点表达。

你喜欢小金鱼吗？如果你也想养一条小金鱼，你会怎么跟爸爸或妈妈说明你的理由呢？

要求：1.写一段话说明你想养小金鱼的理由（能说清楚一个理由得两颗星；能说清楚两个理由得三颗星；能说清楚三个理由得五颗星）。2.写话时能正确使用标点符号。3.注意书写格式。

《小金鱼》教学案例说明同一写作对象可以设计不同的写作内容：一是以

事物介绍为主的日记写作；二是以说明事理为主的语段写作。另外，同一个写作对象还可以针对不同年级或学情设计不同文本写作要求：一年级下学期可以设计"观察与写话"；二年级可以设计写"观察日记"或"观点表达"。（如下图所示）

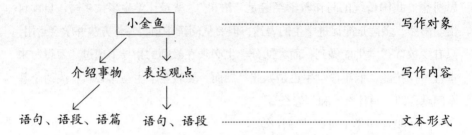

例1：语句	例2：语段
1.池子里有两条红色的小金鱼。 2.小金鱼在水里游来游去，真开心呀！ 3.小金鱼，你为什么不用上学呢？	我很喜欢小金鱼，想让妈妈给我买一条养在家里。因为它看起来很漂亮，而且它可以做我的小伙伴，我们可以说悄悄话。还有，我想知道小金鱼是怎么睡觉的。

例3：语篇

4 月 20 日　星期一　晴

　　这是两条红色的小金鱼，它们鼓着两只大眼睛，尾巴长长的，真漂亮！它们在水里游来游去。小金鱼，小金鱼，我也想像你们那样在水里自由自在地游泳，不用去上学。我还想知道你们是怎么在水里睡觉的。

《小金鱼》写作教学示意图

（2）在老师指导下学习"怎么写"。

　　如果说"写什么"涉及写作对象、内容和文本形式，那么，"怎么写"则关系到写作的方法、策略与过程问题。现在，我们还是以《小金鱼》为例，进一步探讨学生如何在教师的指导下进行写作。一般情况下，我们可以按以下过程来指导学生：

　　①教会观察与记录方法。在老师的指导下，学生要学会按一定顺序并抓住事物特点进行观察，然后用"关键词"来记录观察结果。特别值得注意的是在指导孩子观察的时候，老师不要面面俱到地引导观察，而要让孩子说出自己

印象深刻的信息，比如老师可以按下面的表格来指导学生观察小金鱼并记录观察结果。

外　　形	你想到了什么	活　　动	提出问题
颜色：红色（黑色）			
眼睛：鼓（圆溜溜）	像玻璃珠 ……	游来游去 像在捉迷藏	1.小金鱼怎么睡觉? 2.小金鱼为什么不用上学?
尾巴：长（大）	像裙摆 ……		

　　②根据兴趣选择写作任务。为了满足不同学生的写作兴趣与表达需要，老师可以设计不同写作任务，然后指导学生根据自己的能力和需要来选择。以上我们对小金鱼进行了这样的写作任务设计：用一两段话描写自己观察到的小金鱼；如果你想养一条小金鱼的话，请说说你的理由；如果你喜欢绘画，可以创作《小金鱼》绘本日记。这样，让学生自由选择写作任务可以激发他们的表达欲望。

　　③按照要求进行分步写作。在老师的指导下，学生可以采用"连词成句，连句成段"和"先说后写，分步写话"策略进行文本写作。比如，如果选择了"用一两段话描写自己观察到的小金鱼"这个写作任务，可以这样做：

第一步：分别用下面三组词语进行"连词成句"说一说。

A.红色　金鱼　B.眼睛　鼓　像玻璃珠　C.尾巴　长　像裙摆

第一组：红色　金鱼

例1：这是两条红色的小金鱼。

例2：看，红色的小金鱼真漂亮!

例3：你喜欢这两条红色的小金鱼吗?

第二组：眼睛　鼓　像玻璃珠

例句：小金鱼的眼睛圆鼓鼓的，看起来像两颗小玻璃珠。

第三组：尾巴　长　像裙摆

例句：小金鱼甩着长长的尾巴，像舞动的裙摆。

第二步：把刚才说的三组句子连起来说一说，然后再把它们写下来（连句成段的时候教会学生使用代词）。

例1：这是两条红色的小金鱼，它们的眼睛圆鼓鼓的，看起来像两颗玻璃珠。小金鱼甩着长长的尾巴，像舞动的裙摆。

例2：看，这两条红色的小金鱼真漂亮！它们的眼睛圆鼓鼓的，看起来像两颗玻璃珠。它们甩着长长的尾巴，像舞动的裙摆。

只有这样，学生才能由"语句"到"语段"，从说到写，一步一步学会表达。

④借助思维导图进行"语篇"写作。对于低年段的孩子来说，一般能写几句话或一两段话就达到要求了，但到了二年级下学期，如果学生表达能力比较强，老师可以尝试借助思维导图，指导孩子进行简单的"语篇"写作。比如，如果要写一篇小短文来介绍小金鱼，可以按这样的步骤进行教学：

第一，观察并用"关键词"记录。（同上）

第二，填写"头脑风暴图"。（关于小金鱼，你想告诉别人什么）

第三，列出写作流程图，分段写。（按照"连词成句，连句成段，先说后写"的方法）

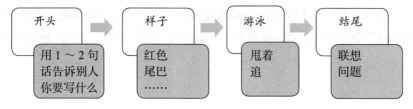

第四，给你的文章取个名字。比如：可爱的小金鱼。（谁能跟老师想的不一样，取个不同的题目？）

这样，不管"看图与表达"还是"观察与表达"，不管是语句、语段还是语篇写作，我们都可以参照以上过程、方法和策略来指导学生写作，让学生在写作实践中掌握基本的写作技能，提高写作能力。

（二）遵循"以学定教"原则

我们知道学生才是学习的主体，教师的"教"是为学生的"学"服务的，以学定教就是依据学情确定教学的起点、方法和策略。低年段写作是以激发表达兴趣、培养良好的写作习惯和学习基本的书面表达方法为主要目标。因此，我们老师要深入研究学生的写作困难，根据低年段孩子的学习基础分层次提出合理的写作要求：

1. 表达清楚

首先，要做到书写正确，即能用正确的汉字或借助汉语拼音来写话，写话时做到书写格式正确。比如：写话时在起始行开头空两格；用田字格或中方格写话时，能注意到标点符号的占格位置。其次，要做到表达规范，即学生写的句子要结构完整，语句通顺，符合基本的语法规则。最后，要正确使用标点，即写话时能根据具体语境使用合适的标点符号。

2. 表达具体

在写清楚的基础上，要做到内容具体、丰富。我们可以这样帮助学生达到以上要求：（1）从不同的角度来观察事物，并进行有序表达，做到内容具体；（2）看图写话时，能在观察的基础上展开想象，写出事情的基本过程；（3）有一些细节的描述或说明，能恰当用上一些数量词、形容词和动词等。

3. 表达生动

当学生能达到以上要求时，我们可以尝试提出表达生动、形象的要求：（1）写话时能用上一些修饰词，比如形容词、准确的动词等。（2）能使用一些特殊句式。现代汉语中特殊句式有六种，包括把字句、被字句、连动句、兼语句、是字句和存现句。其实，这些句式不少孩子们在口头表达中已经会使用了。比如：水池中有两条红色的小金鱼。（3）能合理展开联想或想象。尝试使用一些常用的修辞手法，比如比喻、拟人等。

（三）遵循"以评促教"原则

每个教师都希望自己的课程能满足学生的学习需要，所以，我们必须通过教学评价来作出判断，同时反思和改进教学。所以，教学评价能促进教学目标的实现和教学质量的提高。低年段写作教学评价不仅要关注总结性评价，更应重视过程性评价，只有在写作教学过程中才容易关注到孩子的写作态度。

1. 关注教学目标，进行针对性点评

我们提出在设计写作教学时要做到"一课一得，以点带篇"，即每次写作教学都要有一两个训练点，把训练点渗透在每一次的文本写作中。比如在看图创编童话《老鼠搬鸡蛋》（二年级下学期）的教学案例中，老师设计了这样的教学目标：（1）运用"推前想后法"来想象故事的前因后果；（2）通过描写人物动作和表情，想象人物语言和心理活动把故事写具体。教学过程中，老师将学生作品展示在投影仪上，然后围绕"学会运用推前想后法"这个目标进行点评。

师：孩子们，我们再看看这幅图，小老鼠抱着的这枚蛋是哪来的？它又是怎么得到的？我们从图上能看得出来吗？

生：不能，这都是发生在搬鸡蛋之前的事情。

师：现在，我们来读一读这位同学的作品，看看他是否把这个问题写清楚了。从他写的"推前"环节中，你们知道他写的鸡蛋是从哪里来的？小老鼠是怎么得到的呢？

（学生读作品）

生：他写的鸡蛋是小老鼠从鸡窝里偷来的……

师：对！说明他已经学会"推前"的方法了，他写清楚了故事发生的原因。

教师的点评始终围绕本课时的教学目标展开，真正做到"一课一得"，扎实有效。

2. 关注写作过程，分步写作与点评

低年段写作与高年段不同，老师要带着孩子从说到写，一句一句或一段一段地练习，我们把这种教学方式称为"分步写作"。还是以《老鼠搬鸡蛋》为例，当学生完成第一段"推前"——交代故事的起因后，老师即时进行第一次的点评和反馈。接着进行第二阶段的指导——观察图画中的小老鼠是怎么搬鸡蛋的，教师先指导学生关注小老鼠的动作、神态，再引导学生想象小老鼠当时会说什么。然后让学生先说后写，写完后就进行第二次点评，点评围绕习作是否"抓住小老鼠搬鸡蛋的动作、神态和语言来描写"。就这样，一步一次点评，让大部分学生在课内达成学习目标。尽管这样的写作教学可能会比较耗时，但非常有效。

3. 关注个体差异，分层分类点评

每个孩子的学习基础不同，自然也就存在个体差异。对于学困生来说，一对一的写作指导和习作点评会更有实效，只是会增加教师的工作量，因此，我们建议轮流进行，争取让每个学困生得到"一对一"的写作辅导与习作点评。这样，不仅可以激发孩子的写作动机，也对提高孩子的写作能力有所帮助。除此之外，我们还要对不同水平的孩子进行分层评价：对写作水平中下的孩子，只要能达成基本目标就好，甚至只要孩子愿意表达就要给予鼓励和表扬；对中等水平的孩子，如果能达成基本目标就给予肯定，还可以提出合理建议或更高层次的要求；对优秀作品要给予赞赏并以此树立榜样，让这些优秀习作成为其他学生学习的样本。虽然教师不要求其他学生做到这样，但榜样就是最好的学习目标。

4.关注写作结果，点评与建议相结合

批改作文对很多语文老师来说简直就是恶梦，甚至有不少老师觉得那是吃力不讨好的事，但为了全面了解学生的学习情况和检测教学效果，我们还是应该对学生习作进行全面批阅。我们常见的评语多是这样的：语言流畅，表达生动、形象，层次分明，结构清晰，内容丰富、具体……虽说这样的评语不错，但因为评语是给小作者看的，特别是低年段的孩子，哪里看得懂这样的"评语"。所以，我们建议使用通俗易懂的"对话语"，从以下几方面进行点评。

（1）书写方面。针对书写格式可以这样点评：你的书写习惯真好，标点符号的占格位置都对了，还能记得每段开头空两格。针对卷面可以根据学生的实际情况给出不同的评价。对优秀作品可以这样评价：你的书写很工整，让人看了很舒服；多漂亮的书写呀，给人美的感受！对书写潦草、字体不工整的学生可以提出建议：如果你能把字写工整一些，读者可能会更愿意读完它，也会读得更认真；如果你能把字写好些，老师就能看清楚，才能发现你跟其他同学不一样的地方哦！

（2）语言表达方面。可以这样评价：老师能一口气把你的作品读下来，很顺畅；老师读你的习作时总是要停下来，读不顺，看看老师画了线的语句，你能把它写得更顺口一些吗？（针对个别词语和句子）

（3）写作内容方面。可以这样评价：读了你的文章，读者一定会开怀大笑的；这样的文章太有意思了；这篇文章让人读了想流泪，太感人了……

（4）写作思维方面。可以这样评价：你的想法跟别人不一样哦；你选的事例很符合主人公的特点；你的观点表达很清晰，让人一看就明白……

习作点评不必面面俱到，但要有针对性，要突出教学目标，同时也要针对不同学生给予不同风格的点评。

通过本篇文章，笔者针对低年段写作教学"教什么"和"怎么教"表达了自己的思考，总结了自己的实践。然而，无论是对小学生还是对中学生来说，写作都是一项难度较大的学习任务，尤其小学低年段是学生写作的启蒙阶段，我们更要激发他们的写作动机，培养他们的写作兴趣，让他们掌握写作的入门技能，养成良好的写作习惯，为今后高阶写作奠定基础。我们想要达成以上教学目标，不仅要从教师的角度思考"教什么"和"怎么教"，更应该从学生的角度思考：基于低年段学生学情（包括了解儿童学习语言的基本规律、思维方式与习惯等），确定适宜的写作教学内容，选择合适的教学方法。这样，才能达成低年段写作目标，解决写作教学难题，继而实现以生为本的教育教学理念。

深圳市龙岗区教师发展中心　龙咏梅

小学低年段分级分类写作教学研究与实践

我们的写作教学存在缺乏科学而具体的课程内容、写作策略，缺乏对学生写作思维的训练，尤其是没有文体写作意识、学生习作分类不明等问题。"所谓分类不明，主要是指课标缺少对写作样式的分类，以前的教学大纲做了文体分类，新课标却舍去了文体分类。"[1]由于语文课标淡化文体意识，语文教材中的写作任务也不作文体说明（除非是应用文写作），因此，老师们在写作教学时不敢提及文体，也不知道怎么按文体写作来教。其实，写作是按某种文章的样式来写的，有学者提出，文章题材"是写作的前提与先导，是素材收集的'监测器'，是事料加工的模具，对事料有转化征服作用，对文章构思有制约作用，对文章的章法结构、表达方式、语体修饰有规范作用与成型作用"[2]。如果淡化文体，很多孩子写出的作品就容易成为"四不像"。为了解决小学语文写作教学的核心问题——写作教什么与怎么教，使小学语文写作课程目标与要求系列化和具体化，同时，帮助语文老师解决教学难题，明确每个年级的写作教学应该教什么和怎么教，我们提出了"分级分类"写作教学的设想，并用了八年时间对小学低年段分级分类写作教学进行了实践研究。

一、分级分类写作教学的意义

（一）分级写作及其意义

本文中的"分级写作"是指按年级或儿童年龄，对小学语文写作课程进行分级。也就是根据不同年龄段儿童的心理发展水平，为小学 1—6 年级学生设计分级写作课程。设计分级写作课程的意义有两个：一是遵循儿童认知规律，适应儿童心理发展的特点；二是突出学科知识体系的逻辑性。

---

[1]　郭家海 . 中学写作教学全手册 [M]. 南京：江苏教育出版社，2013.
[2]　曾祥芹 . 文章本体学 [M]. 郑州：文心出版社，2007.

（二）分类写作及其意义

分类是指按照种类、等级或性质分别归类。我们提出的分类写作是指从写作教学的不同角度出发，对取材途径、文体形式、写作训练形式等进行分类写作教学。分类写作教学的意义在于通过接触不同类型的写作训练，让学生体验和发现写作学习规律，掌握每类文体写作的基本方法，从而提高写作能力。

（三）分类写作设计思路

我们主要是按取材途径、写作训练方式和文体形式来进行分类的。具体如下：

按取材途径分类：（1）观察与表达；（2）体验与表达；（3）阅读与表达；（4）想象与表达。我们设计小学语文写作课程的思路是低年段以"阅读与表达"和"观察与表达"为主；中年段以"观察与表达"和"想象与表达"训练为主；高年段以"体验与表达"为主，因为高年段学生的自主活动能力比较强，生活经历和情感体验也随着年龄的增长而逐渐丰富，有了切身体会才有真情表达。

按命题方式分类：（1）命题写作；（2）自由写作。命题写作和材料写作是目前最常见的写作任务设计形式，也是中小学语文写作水平测试出题的主要方式，无论是中考还是高考，甚至连小学中、高年段的语文学业水平测试基本都是以命题、半命题或材料写作为主，偶尔会出现自由命题写作。除了必要的写作考试之外，我们主张让学生自由写作，或者在老师的指导下，选择自己感兴趣的写作对象、内容、体裁和文本形式进行写作。

按写作文体分类：（1）教学文体写作（包括记叙文、说明文、议论文）；（2）真实文体写作（包括文学类文体、实用类文体）。目前，我们使用的统编版语文写作教材内容丰富了很多，但写作任务说明中几乎不提及写作文体。所以，老师不敢也不知道怎么按文体特点教写作，学生也不清楚不同文体有什么差别，小学作文几乎一律写成记叙文，有些作文写得"四不像"。比如二年级下册第六单元的写话教材，是这样设计写作任务的：如果可以养小动物，你想养什么，说说你的理由，试着多写几条。结果有的老师指导孩子写成了"描写动物类的记叙文"而不是"观点表达"。为了避免出现这样的"四不像"作文，我们可以从低年段开始慢慢渗透"文体写作"意识。比如我们教孩子看图创编童话故事，仿写或创作儿童诗，写观察日记或创作绘本日记，并尝试"观点表达"写作训练。

二、小学低年段分级分类写作课程设计理论依据

（一）基于儿童心理发展规律

儿童的表达或写作能力可以反映儿童的思维和语言发展水平，因为写作能力与儿童的言语能力、观察力和想象力发展密不可分。要研究低年段写作教学就应该了解儿童的思维、观察力、想象力和语言发展特点。

1. 思维发展特点

皮亚杰提出，思维是语言发展的基础，思维对语言的发展具有决定性作用。低年段学生是以具体形象思维为主，思维的广阔性与深刻性还处于启蒙阶段，思维的灵活性和独创性也在逐步发展，因此，我们在设计写作课程时要充分考虑这些因素。首先，写作对象要具体形象。在选择写作素材时要以生动形象的"图画"，孩子亲身经历的事情，以及生活中孩子能接触到的事物为主。比如：农村孩子常见到的动物有鸡、鸭、小狗等；而对城市的孩子来说，可能常见的动物有小蜗牛、小蚂蚁、小金鱼等。其次，写作要求应符合低年段孩子的认知水平。比如：一年级的写作形式可以是"图＋文＋拼音"，先从简单的句式仿写起步，到了二年级后逐步过渡到语段的写作，最后尝试写简单的故事。

2. 观察力发展特点

观察是孩子探究世界、获取知识的基本方式，也是我们获得写作素材的重要途径。低年级孩子对周边的事物充满好奇，尤其是对可爱的小动物和奇特的植物兴趣浓厚，但他们基本处于认识"空间联系"和认识"因果联系"阶段。他们的观察能力还比较薄弱，主要表现在观察的精确性很低，做不到全面、细致地感知事物细节。尤其是一年级孩子，在观察事物时既不系统也没条理，看到哪是哪。"到7、8岁时，学生才能做到从整体到部分进行观察，但他们只看到事物的表面，看不到事物之间的联系。"[1] 为了提高孩子的观察能力，同时也促进思维和表达能力的发展，我们提出了这样的要求：一年级第二学期开始学会观察简单的图画，从"无背景图"（指图片的画面除了具体事物之外没有其他背景）到"单角色情景图"（指画面中的人物只有一个，画面有活动场景），并能分清主角和背景，尝试观察简单的事物；进入二年级后，开始学

---

① 李晓东 . 小学生心理学 [M]. 北京：人民教育出版社，2003.

习观察"多角色情景图"和"多幅连环图",在老师的指导下,选择自己喜欢的小动物或奇特的植物,学习按从整体到部分的顺序,采用"五感观察法",抓住事物特点进行观察,并对一种事物进行连续性观察等。

3.想象力发展特点

小学低年段孩子的想象有这样的特点:(1)小学低年级学生想象的内容常常是事物的简单再现,缺乏独立性和创造性;(2)小学低年级学生的想象往往与现实不符,或不能确切地反映现实。[1]根据低年段孩子的想象力发展特点,在文本写作形式上,我们设计了看图写故事,儿歌仿写和创编,以及"听故事,写故事"等;在表达内容上,我们提出了"根据画面想象人物的语言、动作和心理活动"或"在观察事物的基础上展开联想或想象"等要求。

4.语言发展规律及特点

小学阶段是儿童掌握书面言语和抽象思维能力发展的初步阶段,儿童入学之前主要是发展口头言语,入学后才正式开始学习书面言语。他们的语言发展有以下几个特点:"①词汇丰富。一般来说,5—6岁儿童的词汇量能达到3000～4000个,他们已基本掌握现代汉语中的绝大多数词类,这其中不仅掌握了名词、动词、形容词、数词,还有各类虚词。而虚词的发展,随着儿童年龄的增长呈上升趋势,一直到基本掌握汉语的句法规则。②句式丰富。5—6岁儿童已经掌握了主谓句和非主谓句的基本结构。他们使用的单句大多数都含有修饰语,且复杂程度因人、语境、句型而异。5—6岁儿童不仅掌握了各类单句句型的基本用法,而且已经掌握大量的特殊句式。这些特殊句式都是现代汉语中的常用句型,分别是'是'字句、存现句、双宾句、连谓句、比较句、'把'字句、'被'字句、兼语句、主语宾语从句等。③语言的连贯性增强。儿童发展到五六岁,不仅能掌握基本短语的使用方法,而且对口语交流中常见的其他诸多类型的短语都有涉及,这是他们正确用句、流利会话的基础。④语言的逻辑性增强。5岁以后,孩子就能使用'因为''为了''结果''要不然'等词的因果句,以及使用'虽然''但是'等词的转折句,表达事物间的逻辑关系。"[2]根据以上表述,在设计低年段的写作课程内容时,我们提出了这样的要求:(1)尝试运用在生活与阅读中积累的名词、动词、形容词、数

---

[1] 殷炳江.小学生心理健康教育 [M].北京:人民教育出版社,2003.

[2] 崔荣辉.5—6岁儿童语言习得状况的考察与研究 [D].济南:山东大学,2009.

词，以及常用的连词和副词等。（2）能根据表达需求，使用四种常用句式，如疑问句、祈使句、感叹句等；有能力的孩子可以尝试运用六种特殊句式，如把字句、被字句等；使用一些常用复句，如"如果……就……""因为……所以……"等。（3）在书面表达时，能写出语句连贯、通顺，有一定逻辑性的语句或语段。

（二）基于"文体写作"及"过程写作"教学理念

如果从学生学习写作的角度来思考，主要解决这几个问题：为什么写、为谁写、写什么和怎么写。"为什么写"是对写作目的的思考，而"为谁写"是读者意识的培养，这两个问题对于低年段孩子来说，理解起来是有困难的，但作为老师，我们在设计写作任务的时候，还是要有意识地慢慢渗透"写作目的意识"和"读者意识"。现在，我们来思考后两个问题——写什么和怎么写，这是需要我们老师重点关注和指导的问题。

"写什么"是涉及写作对象、写作内容、文体或文本形式的思考。写作对象是指具体的事物、现象或问题，写作对象是包罗万象、无法穷尽的，但可以作大致的分类，比如人物、动物、植物、景物、建筑物、生活物品、自然景象等。所以，在设计写作教学时我们要按类选择写作对象，让孩子通过学习一种事物的写法，迁移到一类事物的写作。写作内容一般包括事、物、情、理。根据低年段孩子的心理发展水平和认知特点，他们对事物的认知还比较肤浅，思维的深度和广度还处于萌芽状态。我们在设计写作任务时，主要选择内容简单的故事和结构简单的动物、植物、玩具等，不要求孩子说理和抒情，但可以针对感兴趣的事物简单地表达自己的观点。对低年段学生来说，写作毕竟是一项难度很大的学习任务。所以，我们可以在表达形式上降低难度和要求，先采用"图示＋文字＋拼音"的表达方式，然后逐步过渡到"文字＋拼音"的写作形式，最后，表扬那些不用拼音只用文字写作，并且书写正确的孩子，通过树立榜样来提出教学目标。虽然低年段是以"语句"和"语段"写作为主，但是从二年级开始也会涉及简单的应用文体写作。"文章题材简称为文体题材，是对文章提示形态的一种描述，它是作者写作的一种形式规范，也是文章呈现在读者面前的一种具体样式，它是在长期的写作实践中逐步形成的。"[①] 新课标提出淡化文体，但不等于不要文体。低年段的孩子处于写作启蒙阶段，文体知识对

① 陈果安，何纯，王定.写作学基础[M].长沙：湖南师范大学出版社，2008.

于他们来说是陌生的，因为他们是以"语句"和"语段"文本写作为主，但也会涉及简单的应用文写作，比如留言条、日记等。这样，在设计低年段写作课程时，我们就应该考虑文体分类写作问题。

"怎么写"主要涉及"过程写作"和"文章写作"知识。"过程教学法的教学重点放在学生的写作过程上，强调在学生写作过程中帮助他们发现、分析和解决问题。教师通过多样化的教学活动，侧重在语篇水平上指导写作，包括构思、写提纲、写初稿和修改等各个写作环节。教师的指导贯穿于整个写作过程直至最后成文。"[1]

"教什么"是教学的前提，但"怎么教"是关键，因此，"过程教学法"是最值得我们语文老师学习和借鉴的。如果老师不重视写作过程指导，只讲解写作知识，对学生写作是没什么帮助的，尤其是低年级的孩子更需要老师一步步指导和帮助，给他们搭建写作支架。以"听故事，写故事"教学案例为例，首先，老师要给孩子听一两次故事录音，目的是让孩子对故事内容有大概的了解但不能太熟悉；接着指导孩子借助思维导图来梳理故事情节；然后组织孩子进行创造性复述故事，这样孩子对要写的故事有更深的印象；最后，让孩子根据故事导图写故事。因为加入了自己的想象，孩子们最终写出的故事会各不相同。所以，只有关注写作过程，给孩子搭建写作支架，这样的教学才更有实效。

三、小学低年段分级分类写作课程内容设计

经过八年的课题实验，我们基本建构了低年段分级分类写作课程内容框架，我们并不是另起炉灶，重新搭台，而是依据小学语文课程标准，对低年段写话课程内容和阶段目标进行分解、补充和细化，同时也不脱离原来的写作教材，只是作了适当补充。一、二年级写作课程内容如下。

一年级分级分类写作内容标准	
内容标准	标准描述
1. 写作习惯 1.1 卷面整洁，不随意涂画。 1.2 保持写作思路流畅，遇到写作障碍（不会写的字或拼音）可以画圈或跳过去。	**文本写作类型及内容** 一年级以"语句"和"语段"写作为主。写作课型主要有两种：阅读与表达（包括绘本阅读与表达、文本阅读与表达）；

---

[1] 胡庆芳.优化课堂教学：方法与实践[M].北京：中国人民大学出版社，2014.

一年级分级分类写作内容标准	
内容标准	标准描述
2. 书写 2.1 使用铅笔和作文稿纸写作，并做到书写工整。 2.2 学习一般行文格式，如：每个标点、汉字或拼音占一格写，标点符号一般情况下不顶格写。 2.3 每段话开头空两格。 **3. 表达** 3.1 愿意尝试用不同形式进行表达。 3.2 学会使用逗号、句号、问号、叹号四种常用标点符号。 3.3 学会使用生活或阅读中积累的常用名词、形容词、动词和数量词等。 3.4 学会运用各种常用句式，包括单句和复句。单句有二要素、三要素或四要素句，比如：谁，干什么；什么时间，在哪儿，发生什么事等。简单复句包括"一边……一边……""有的……有的……还有的……"等。 3.5 可以采用"文字＋拼音＋符号"的形式表达（用图示或符号替代不会写的字）。 **4. 写作思维** 4.1 观察"无背景图片"，看懂图画内容，并用简单语句描述图片。 4.2 学会观察"单角色情景图"，能分辨主角与背景，并按一定顺序表达。 4.3 根据"单角色情景图"的画面合理展开想象或联想。 4.4 学会从"颜色""形状"或"状态"等方面观察结构简单的事物，并根据观察结果"连词成句"进行表达。 **5. 修改** 与同学交换习作，通过大声朗读发现遗漏的音节或文字、标点，并作好标注或尝试修正。	观察与表达（包括生活观察与表达、图片观察与表达）。具体内容如下： **1. 绘本阅读与表达** 1.1 仿写绘本中的典型句式。 1.2 结合具体情境运用所学句式。 1.3 做到语句通顺，书写正确，能合理使用标点符号。 **2. 文本阅读与表达** 2.1 结合阅读文本进行句式仿写。 2.2 做到语句通顺，书写正确，能合理使用标点符号。 **3. 无背景图观察与表达** 3.1 观察无背景图片，看懂图画内容，能用简单的二要素句或三要素句进行描述。 3.2 做到语句通顺，书写正确，能合理使用标点符号。 **4. 单角色情景图观察与表达** 4.1 观察单角色情景图片，看懂图画内容，分清背景与主角，用一两句话描述画面内容。 4.2 有能力的学生可以根据画面展开想象，用两三句话描述画面和想象的内容。 4.3 做到书写正确，语句通顺，用词恰当，能合理使用标点符号。 **5. 生活观察与表达** 5.1 从"颜色""形状"或"状态"等方面观察自己感兴趣的小动物、植物、玩具等。 5.2 抓住事物特点，分别用一两句话进行描写。 5.3 在观察的基础上合理展开联想或想象，用通顺的语句表达出来。 5.4 学习日记的写作格式，并尝试写简单的"一句话"观察日记或创编绘本日记。

二年级分级分类写作内容标准	
内容标准	标准描述
1. 写作习惯 1.1 卷面整洁，不随意涂画。 1.2 保持写作思路流畅，遇到写作障碍（不会写的字，想不到合适的词语）先跳过去，写完后再处理。 1.3 养成观察周边事物的习惯。 1.4 培养摘抄精彩语句的习惯。 **2. 书写** 2.1 使用铅笔和作文稿纸写作，并做到书写工整。 2.2 了解一般行文格式，如：题目写在第一行中间位置，每段开头空两格。 2.3 行文中，遇到标点符号转行的情况要特殊处理。 **3. 表达** 3.1 激发写作兴趣，形成真实表达的写作态度。 3.2 学习冒号和双引号，能正确认知和书写，并尝试在写作中运用。 3.3 在表达中恰当使用生活和阅读中积累的动词、形容词、连词、副词等词汇。 3.4 在表达中尝试使用常用复句，如"因为……所以……""虽然……但是……"等；使用一些特殊句式，如把字句、被字句、连动句、存现句等。 3.5 学会分段表述，在写作中学习运用几种典型的"语段"表达方式。如： ·按总分结构来介绍人物或玩具。 ·用上"首先……接着……然后……最后……"来描述活动流程。 ·按时间顺序来叙述故事。 3.6 在表达中尝试运用比喻或拟人等修辞手法。 3.7 可以采用"文字＋拼音"的形式表达，努力做到用纯文字表达。	**文本写作类型及内容** 二年级以"语段"和简单的"语篇"写作为主。写作课型主要有四种：阅读与表达（包括绘本阅读与表达、文本阅读与表达、"听故事，写故事"）；观察与表达（包括图片观察与表达、生活观察与表达）；体验与表达（包括各类活动和经历的事情）；应用与表达。具体内容如下： **1. 写日记（观察日记和活动体验日记）** 1.1 按日记的格式来写，尝试给日记加上题目。 1.2 用一两段话描述事物的外形、状态或者变化。 1.3 用一两段话描述活动的过程。 1.4 能分段表述，并做到语句通顺、内容具体，正确使用标点符号。 1.5 根据自己的兴趣，可以采用"图＋文"的形式创作绘本日记。 **2. 写童话故事** 2.1 在老师指导下进行"听故事，写故事"训练，用思维导图梳理故事情节，根据情节适当加入自己的想象，把听到的童话故事写下来。 2.2 观察"多幅连环图"，在老师的帮助下用思维导图梳理故事情节，并尝试写结构简单而完整的童话故事。 2.3 观察"多角色情景图"，运用"推前想后法"猜想故事的起因和结果，根据图画内容尝试写一个结构完整、内容具体的童话故事。 2.4 能分段表述，并做到语句通顺、内容具体，正确使用标点符号。 2.5 有能力的孩子在写故事时尝试运用细节描写，比如人物语言描写、动作描写。 2.6 愿意与他人分享自己的作品。

二年级分级分类写作内容标准	
内容标准	标准描述
4. 写作思维 4.1 观察"多幅连环图"，在老师的帮助下用思维导图梳理故事情节，构建完整的故事写作模型。 4.2 观察"多角色情景图"，在老师指导下运用"推前想后法"，构建由简单到复杂的故事写作模型。 4.3 运用从"整体到部分"的方法观察图片，在观察的基础上展开想象，想象图画中的人物当时是怎么做的、怎么说的、怎么想的等细节。 4.4 在老师指导下，学习用"看、听、摸、闻"等方法观察自己感兴趣的小动物、植物、玩具等，并用关键词记录观察结果，然后进行"连词成句，连句成段"。 4.5 在老师指导下"听故事，写故事"，用思维导图梳理故事情节，根据故事情节适当加入自己的想象。 4.6 在老师指导下，借助思维导图记录自己参加的活动，并尝试根据导图进行表达。 **5. 修改** 5.1 大声朗读自己的习作，能发现遗漏的字或标点，并自主修改。 5.2 借助字典或请教他人，尽量把"拼音"转换成汉字（学过的字）。	**3. 写简单的记叙文** 3.1 在老师指导下，学习用"看、听、摸、闻"等方法观察自己感兴趣的小动物、植物、玩具和身边的人等，用一两段话描写自己观察和想象的内容。 3.2 观察"真实生活情景图"（图画主角是人物不是动物，图画内容以真实生活场景为背景），通过"推前想后法"构思故事情节，并结合画面想象图画中的人物当时是怎么做的、怎么说的或怎么想的，尝试用两三段话描述一件简单的事。 3.3 做到书写格式正确，语句通顺，表达清楚，正确使用标点符号。 3.4 尝试给自己的作品取个合适的题目。 3.5 愿意与他人分享自己的作品。 **4. 儿歌、儿童诗仿写与创作** 4.1 根据老师提供的文本仿写儿童诗或儿歌。 4.2 按诗歌的行文格式来书写。 4.3 做到语句通顺、表达生动，正确使用标点符号。 4.4 有能力的孩子可以在老师的指导下，尝试创编简单的儿童诗。 4.5 愿意与他人分享自己的作品。 **5. 应用文写作** 5.1 学写留言条、通知、请假条等。 5.2 能按正确的文体格式书写。 5.3 做到语句通顺、表达清楚。 5.4 能根据具体的生活情景进行留言条、通知和请假条写作。 **6. 观点表达** 6.1 用一两段话表达自己对事物的看法。 6.2 能有理有据地从不同角度来表达。 6.3 做到观点明确，表达清楚。

四、课题实验的初步成果

目前，我们已经完成了三轮低年段分级分类写作教学实验。根据小学语文课程标准中"写话教学"的阶段目标描述，我们提出了明确的教学目标，设计了具体的教学内容，同时也尝试建构了低年段写作教学的"知识体系"，并根据这些"写作知识"进行了教学案例设计，案例覆盖了一年级下学期至二年级共三个学期。教学案例设计突出了年级特点，遵循了由易到难、逐步提升的教学原则，同时也努力做到与语文课程的写话教材同步。值得庆幸的是，我们选择了不同学情的班级进行实验，几乎所有班级的孩子对我们的"写作课例"兴趣浓厚，比如：孩子们最喜欢的是"观察与表达"课例，在老师的引导下，我们让孩子体验了发现小动物秘密的快乐，也感受到表达的愉悦；还有"听故事，写故事"教学设计，不仅让孩子感受了有趣的童话故事，还让他们在"听故事"的基础上尝试写故事，为下一阶段——三年级的分段表述和童话写作打下基础；就连"标点符号认知与运用"孩子们也不抵触，而且还学得扎实有效。这些课例丰富了低年段写作教学资源，不仅对培养孩子的写作兴趣，养成良好的观察习惯有积极意义，也提高了低年级孩子的表达能力，达到甚至超越了低年段"写话教学"的目标和要求。

五、我们的困惑与期待

通过对国外写作课程的了解，我们感觉我国的写作课程与这些发达国家相比还有一定的差距。我们了解到美国的孩子从幼儿园就开始写作，小学阶段就接触了各种文体写作，小学生也能洋洋洒洒地"写下"几千字的研究报告……而我们的写作教学，从小学到初中一直以记叙文写作为主。为了提高学生的写作成绩，老师们的写作教学总是局限于写作技能训练，甚至用"背范文"的方法来"取巧"。作为一线教师，我们如何改变这种现状，怎样才能开发出有利于学生思维与表达能力提升的写作课程？怎样在保障学生"写作成绩"的基础上，丰富学生的写作体验，从而真正提高学生的写作能力？目前，我们的几位课题实验教师（本书的作者马月红、龙南和肖华老师）实现了这个目标：从每学年区级小学语文学业水平检测成绩来看，他们所带班级的语文成绩一直领先于平行班，特别是学生的写作成绩明显高于平行班。但怎样才能让大多数老师相信：我们这样教不仅不会影响学生考试成绩，还能提高学生的语文成绩（因为不少老师担心花在写作教学上的时间多了，势必影响阅读或语言积累的学习）。

在完善低年段写作课程开发的基础上，我们希望能继续开发小学中、高年段的写作课程，但开发课程是个漫长而艰巨的工程，既需要课程专家的专业引领，也需要一线教师的积极参与，所以，我们希望有更多的一线教师参与这样的教学研究，既可以改善我们自己的教学现状，也可以帮助广大语文教师解决教学痛点。最根本的目的是为孩子提供更丰富的写作体验，切实提高他们的写作能力，从而提升他们的语文素养。

深圳市龙岗区教师发展中心　龙咏梅

第二编

小学低年段分级分类写作教学案例

标点符号认知与运用

翻开一年级下册的语文教材，我们会发现编者在教材中安排了两次写话训练。具体内容如下：

1. 课文《我多想》的课后练习有一道题是以"我多想……"开头，写下自己的愿望，再和同学交流。

2. "语文园地八"中的"字词句运用"：你有过下面（高兴、生气、害怕、难过）这些心情吗？说一说，写一写。

既然从一年级下学期开始就有了写话训练，那老师就必须先教会孩子正确认知和使用标点符号。因为"标点符号是辅助文字记录语言的符号，是书面语言的有机组成部分，用来表示语句的停顿、语气以及标示某些成分（主要是词语）的特定性质和作用。恰当地使用各种标点，书面语言的意思就会表达得清楚正确"。[①] 小学语文课标在第一学段的"写话"阶段目标中明确指出：学习使用逗号、句号、问号、感叹号。这里的感叹号应该改为"叹号"（叹号又有感情号、惊叹号、感叹号等多种名称，国家技术监督局 1995 年 12 月 31 日批准、1996 年 6 月 1 日开始实施的《标点符号用法》称为叹号，因此我们应以叹号作为它的规范名称，其他叫法应当停止使用）。[②]

要让学生学会使用这四种标点符号，那就应该做到：（1）会认；（2）能正确书写；（3）能在具体的语境中运用，包括给句子加标点，并在写话中运用。在一年级上册《青蛙写诗》的课后练习中有这样一道题：青蛙写的诗里有逗号

---

① 王庆.标点符号的种类及用法 [M].太原：北岳文艺出版社，2011.

② 同上。

和句号，请你圈出来。这里只提出了认知要求而没有书写要求，有的老师可能会增加书写练习，也有的老师可能只会提醒学生："小朋友，你们看逗号是不是像个小蝌蚪？写的时候要注意，它是一个实心小圆点加一个小尾巴，小朋友要记住哦！"还有的老师可能只教认读，没想到要指导书写……其实，"知道了"或"听到了""理解了"，并不表示"我会了"，因此，标点符号的书写训练是必要的。

根据课标要求和教材中"写话训练"的安排，我们建议从一年级第一学期的后半段就开始学习标点符号，为后面的写作作好准备。因此，我们设计了问号、叹号、句号、逗号四种标点符号的认知、书写和运用训练。老师们可以在阅读教学中随机进行，利用教材导入标点符号的学习。比如：在一年级上册《青蛙写诗》的教学中以课文为例，让学生初步了解各标点符号所表达的意思，并增加"逗号"和"句号"的认知与书写训练；在一年级下册"识字"《姓氏歌》的教学中可以进行"问号"的书写与运用练习；在一年级下册"课文"《我多想去看看》的教学中可以进行"叹号"的书写与运用练习。不过，如果学生学习基础比较好，也可以结合阅读教学提前学习这几种标点符号。

但是，我们要特别提醒老师们：进行标点符号教学时要注意先后顺序，建议先从"问号""叹号"开始教学，接着依次进行"句号""逗号"的教学。因为问号主要是表示句子的疑问语气，这是孩子们最容易理解和体会的，结合具体的语境来学习问号的用法也比较容易。接着可以学习叹号，叹号主要是表达句子的感叹语气。感叹句一般表示某种强烈的感情，比如非常开心、难过、愤怒、惊讶等，这些情感对于一年级的小朋友来说也能理解和体会。而句号和逗号比较难理解，学生可能无法很好地区分逗号和句号的用法。句号主要是表示句子的陈述语气，一年级孩子是难以理解的，所以我们可以把它跟前面学过的疑问语气和感叹语气进行对比，从而让学生感受陈述语气的平缓，理解句号的用法。最后学习的是逗号，逗号是句内点号的一种，表示句子或语段内部的一般性停顿。在各种标点符号中逗号可以说是用得最多的一种，也是涉及语法知识较多，用法较为复杂的一种。[①] 所以，逗号的学习和运用安排在其他三种标点符号后面。当学生进入二年级后，从统编版语文写话教材的内容来看，学生在写话时可能会涉及人物语言描写，所以，建议老师们从二年级上学期开

---

① 王庆.标点符号的种类及用法 [M].太原：北岳文艺出版社，2011.

始，让学生尝试使用冒号和双引号，以满足学生写话时的需要。如果基础比较好的班级还可以学习顿号、书名号和省略号，但只要求认知和书写。

深圳市龙岗区教师发展中心　龙咏梅

一、分级目标

<table>
<tr>
<td>

一年级

1. 正确认知和书写问号、叹号、句号和逗号四种标点符号。

2. 能在具体语境中理解和运用。

</td>
<td>

二年级上学期

1. 在写话中正确运用问号、叹号、句号和逗号。

2. 认知冒号和双引号，并在语言描写中正确使用。

二年级下学期

认知和书写顿号、省略号和书名号，并能理解它们的用法。

</td>
</tr>
</table>

二、教学示意图

认（标点）➡ 写（标点）➡ 用（体会用法）➡ 抄（句子）➡ 运用
1. 给句子或段落加标点。
2. 在写话中运用。

第1课　问号

——一年级教学案例

深圳市龙岗区平安里学校　胡倩

一、我会认

？（问号）

二、我会写

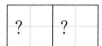 

三、我会用

①你叫什么　　　　②你是一年级的小朋友吗

③乌龟能跑过小兔子吗

四、我会抄

①你姓什么？

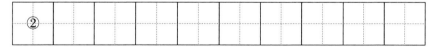

②你为什么生气了？

本课例可扫码观看：

第2课 叹号

——一年级教学案例

深圳市龙岗区平安里学校　胡倩

一、我会认

！（叹号）

二、我会写

！	！

三、我会用

①天空中的雪花多美呀　　②快做作业

③王飞你怎么哭了　　④哎呀　你为什么要哭呀

四、我会抄

①空中的雪花多美！

①									

②太阳出来了！

②									

本课例可扫码观看：

第3课　句号

——一年级教学案例

深圳市龙岗区平安里学校　胡倩

一、我会认

。（句号）

二、我会写

三、我会用

①这是谁的书包呀　　②我喜欢这个书包

③小鸟飞得真高呀　　④小鸟在天空中飞

四、我会抄

①小鸟在天空中飞。

②小虫子不见了。

本课例可扫码观看：

第4课 逗号

——一年级教学案例

深圳市龙岗区平安里学校　胡倩

一、我会认

，（逗号）

二、我会写

,	,

三、我会用

①晚上　妈妈给小朋友讲故事　　②我爱妈妈　妈妈也爱我

③早上　太阳出来了

四、我会抄

①请用心听妈妈讲，不走 shén。

①										

②早上，太阳出来了。

②										

本课例可扫码观看：

第5课　冒号和双引号

——二年级教学案例

深圳市龙岗区扬美实验学校　杨映雯

一、我会认

:（冒号）　　" "（双引号）

二、我会写

三、我会用

①红红问　兰兰　你要去哪里　　②兰兰说　我要去游乐园玩

四、我会抄

①小英说："花真美！"

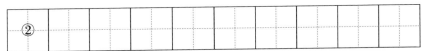

②妈妈问："你写完作业了吗？"

本课例可扫码观看：

第6课　顿号

——二年级教学案例

深圳市龙岗区扬美实验学校　杨映雯

一、我会认

、（顿号）

二、我会写

三、我会用

① 超市的水果真多　有桃子　苹果　李子　都是我爱吃的

② 春天来了　花坛中的花都开了　有蓝的　黄的　紫红的　真是五彩缤纷

四、我会抄

①妈妈问："你的笔、作业本、尺子都带了吗？"

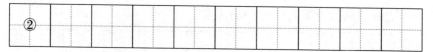

②小牛、小羊、小马在山上吃草。

本课例可扫码观看：

第7课　省略号

——二年级教学案例

深圳市龙岗区扬美实验学校　杨映雯

一、我会认

……（省略号）

二、我会写

… …		

三、我会用

①看　书店的书真多　有漫画书　童话　小说

②海里的鱼可真多啊　有红的　黄的　蓝的　条纹的

四、我会抄

①花园里种了茶花、丁香花、玉兰花……

①												

②他说："我家有猫、狗、兔子……"

②												

本课例可扫码观看：

第8课　书名号

——二年级教学案例

深圳市龙岗区扬美实验学校　杨映雯

一、我会认

《　》（书名号）

二、我会写

　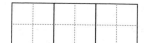

三、我会用

①我会唱　我和我的祖国　这首歌　　　②第一篇课文是　春夏秋冬
③我最喜欢看的书是　猜猜我有多爱你

四、我会抄

①王星会背《春晓》这首诗。

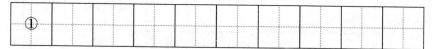

②你看过《石头汤》这本书吗？

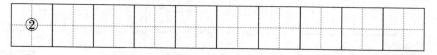

本课例可扫码观看：

句号、问号、逗号和叹号谁先学

"标点符号有必要特意教吗？如果要教，教什么？怎么教？"这是和龙老师讨论"标点符号书写专题"时我的第一反应。回忆五年的从教经历，我带过两届六年级学生，在学生的习作中见过各种标点符号问题：有孩子的作文里句号全写成实心小圆点；逗号、句号凭感觉乱打；写人物对话不带冒号、引号或者句末标点写在后引号外面；更有甚者，通篇全是逗号，只有最后一句话用句号。每次看到这些标点符号"群魔乱舞"的作文，我都忍不住叹息：如果标点符号用对了，这作文至少能提高 2～3 分吧。

其实，新课标对低年级学生在写话方面就有标点符号使用的要求："学习使用逗号、句号、问号、感叹号"。看来，标点符号应该从一二年级娃娃抓起。但是一二年级的孩子，他们的认知水平处于前运算阶段向具体运算阶段过渡的时期，而标点符号是抽象的符号，不表意，学生在记忆上有难度，理解其用法也并不容易。所以，标点符号的教学不可能一蹴而就，而要分步进行，反复练习。

我决定好好教教标点符号。我们把课标中提到的四个标点作为前四次书写训练的教学内容，并先制作了《句号》教学微课。这一课的教学目标很集中，就是会认、会写句号。教学环节只有三个：我会认，我会写，抄写例句。

例句的设计颇费心思。考虑到一年级孩子会写的字不多，为了让教学目标更集中，并降低学生书写的难度，我们只从一年级上册语文课本的写字表里要求会写的 100 个汉字中选字组句。学生在书写标点时，容易犯顶格写的错误，所以在设计例句时，我们在句子的字数上也有所控制。"这句话写完了，该打句号了。可是，后面没有格子了，该怎么办呢？"微课中，教师在范写例句时，我们设计了这个情境，让学生更加清晰地看到：在这种情况下，句号是不能顶格写的，应该和最后一个字挤一挤。上完课，从学生的课堂抄写作业中，可以看到大多数孩子能比较轻松地完成目标，但是，依然有两个孩子没有在句尾写句号，还有一个孩子把句号顶格写了，说明这个孩子上课没有认真听讲。看来，再精细的设计，也总会有孩子不买账！

后来，我们又设计了与一年级下册第一单元课文配套的"抄、默写训练"，目的在于巩固学过的生字和句号的书写。经过两次的"抄、默写训练"，班里依然有几个孩子不记得在句子的末尾加上句号。这是为什么呢？我猜测，孩子要么是没有理解句号的用法，要么是还不习惯使用标点符号。句号是用在陈述句末尾的标点，而陈述句的语气是比较平淡的，孩子不容易分辨所抄写的到底是句子还是短语，也不容易记住写完一句话要写句号。后来，逗号的教学也遇到了类似的问题。

于是，我们回过头来思考：逗号、句号、问号、叹号，这四个标点符号里，哪个标点符号孩子们理解与运用起来容易些，应该最先教呢？

一年级的小朋友对万事万物充满好奇，脑袋里仿佛装着无数的问号。下课之后，他们也最爱围着老师叽叽喳喳，问东问西……对！应该是问句，小朋友们理解起来比较简单。问问题嘛，小朋友们应该能明白。所以，我们的第二次尝试，把"问号"作为标点符号教学的起点。在一年级下册的第二课《姓氏歌》教学完后，我们就开始进行"问号"的书写训练。通过倾听比较两个句子的语气，来判断哪个句子该加问号。以下是教学片段：

1. 出示句子：

乌龟和小兔子在赛跑

乌龟能跑过小兔子吗

师：我们来读一读这两个句子。谁能说说哪个句子要用上问号？

生：第二个。因为第二个句子是在问问题。

教师在第二个句子后面加上问号。

……

这一课的教学非常顺利，不需要大量的引导，学生很快理解了问号的用法，也印证了我们的猜测，接下来的教学就顺利多了！

叹号是用在语气比较强烈的句子中，孩子通过倾听，能感受到句中说话人的语调比较高，说话比较大声。所以，在教学中也没什么问题。

在学习完问号和叹号后，接着才学习句号。通过对比，学生对"语气平淡"的句号理解起来就容易多了。在第二次《句号》的教学中，我们是这样设计的：

1. 出示图片（书包）。

师：看，这是什么？你看到这个书包想说什么？

生1：这是谁的书包？

生2：我喜欢这个书包。

师：现在，老师把这两位同学说的句子写下来。

2. 出示句子：

我喜欢这个书包

这是谁的书包呀

师：小朋友看老师写对了吗？……我忘记加标点符号了。你们看应该加什么标点呢？

生1：老师，我知道，我刚才说的是一个问句，要加问号。

师：真棒！还有一个句子呢？……有的小朋友说加叹号，也有的说加句号。到底加什么呢？前面我们知道了，叹号是表示特别开心、特别难过或者特别生气的心情。刚才那位小朋友是特别高兴的吗？我们再听一次。

3. 再请生2说一次刚才的句子：我喜欢这个书包。

4. 师：听起来感觉他的语气是比较平淡的。所以，用叹号不合适，那就应该用句号了。

你看，这样教，孩子是不是更容易理解和接受呢？学习是从感知开始的，只有感受到标点符号的作用，孩子才会主动去使用它。

接下来教逗号我也进行了两次尝试。第一次我是这样设计教学的：

1. 出示图1。

2. 教师引导：我们来看第一幅图，你能用一句话来说说这幅图吗？谁，在干什么？……对，妈妈在给我讲故事。这是什么时间呢？（晚上）

3. 教师出示句子：晚上，妈妈给我讲故事。

4. 教师引导：再读一读这句话，你发现逗号在什么地方？（中间）我们在说句子的时候，逗号处要停顿一下。

……

可是这个版本的微课设计被否决了。龙老师指出了其中的问题：这种教学思路是教孩子怎么朗读的，而不是从怎么教孩子用标点的角度来设计的，因为老师先告诉孩子句子里有逗号，再提醒孩子看到逗号要停顿。这样的设计思路恰好是反过来了，正确的思路是先让学生体会到句子中间有停顿，所以才要用逗号。

在龙老师的指导下，在教学《逗号》"我会用"这个环节时，我的引导语变成了这样：

1. 出示图片。

师：请小朋友认真看看图画，想一想：图上画了谁？在干什么？哪个小朋友愿意说一说？

生：图上画的是妈妈和小朋友，妈妈在给小朋友讲故事。

师：聪明的小朋友，你能猜出图上画的是什么时间吗？……对了，晚上。

师：如果把时间加上，我们可以怎么说？

生：晚上，妈妈给小朋友讲故事。（不出示句子，但学生说话的时候有明显的停顿。）

师：现在，老师要把这个句子写下来。

2. 出示句子：

晚上妈妈给小朋友讲故事

[设计意图：这句话里的标点符号一个都不出示，也不提示哪个地方应该有标点符号——因为我们想让孩子思考：这个句子该怎么加标点符号呢？因为前面有了问号、叹号和句号的学习，这里，学生就能比较容易感受到句内的停顿以及逗号的用法了。]

师：这个句子怎么加标点符号呢？……有小朋友说句子后面可以加句号。对！因为这不是个问句，也不是心情特别高兴的句子，所以可以加句号。

3. 学生再次读句子。

师：我们又听了一次刚才小朋友说的话。你们听出什么了？

生：他说话的时候中间有停顿。

师：对，他在什么地方有停顿了？……在"晚上"这个词语后面有停顿。所以，我们要在这里加上一个逗号。

4. 小结：逗号是用在句子中间的。当我们说一句话时，如果中间有停顿可以用上逗号。

需要注意的是"语气平淡""停顿"这两个词对于低年级的孩子来说还是抽象的，需要老师借用大量的语境反复让学生感受、体会，自己领悟如何正确使用句号和逗号。

只有遵循教学规律，基于孩子的学习起点来设计教学才能取得更好的效果，于是我们重新调整了教学思路，为了让孩子更容易理解和接受，我们最终确定按"问号、叹号、句号、逗号"这样的顺序依次进行教学。

深圳市龙岗区平安里学校　　胡倩

绘本阅读与表达

>> **"绘本阅读与表达" 教学导航**

绘本是孩子们喜爱阅读的书籍之一，其特点是图文结合，很适合低年级孩子阅读。绘本不仅可以用来教孩子阅读，也可以教写话，我们称之为"绘本读写"。"绘本读写"其实是读写结合训练方式之一，它对于低年级写作的启蒙意义在于不仅可以降低写作难度，还可以让孩子学习语言表达技能，如常用句式、标点符号的运用等。因此，用绘本来教写话是低年级语文老师的一大创举，这也体现了老师的课程资源开发意识和大语文观。

读写结合的角度一般有两个：一是学习文本的表达方式；二是以文本内容为写作的素材。低年段的读写结合以仿写句式为主，中高年段可以将文本内容作为读书笔记、读后感、缩写、扩写等写作训练的素材，也可以迁移文本的表达方法。但无论哪种训练角度，教学重心不在"读"而在"写"。虽然"读"是"写"的基础，但"读"的目的首先是熟悉文本，其次是引导学生发现文本的表达特点。因此，以"写"为目标的阅读只要求达到读懂为主，而不要求进行朗读训练，不作语言赏析和阅读方法的训练。否则，目标分散就达不到以读练写的目的了。在进行低年段"绘本读写"教学设计时，我们要做好以下几点：

一、明确教学目标，选择适读绘本

从一年级第二学期的中后期开始，可以尝试进行"绘本读写"训练。以学习运用四种标点符号（逗号、句号、问号、叹号）和常用句式为主。可以选择一些适合学前儿童阅读的，内容简短、结构清晰、明显用了一些常用句式的绘本。如：《月亮，你好吗》可以学习"逗号、句号、叹号"的运用；《逃家小兔》可以学习"如果……就……"的运用；《早餐，你喜欢吃什么？》可以学习运用"如果……那么……"句式来表达。到了二年级，我们可以尝试根据绘本的表达特点，让学生写一两段话。比如：《我家是动物园》可以让学生学习抓住人物特点，并展开合理想象来介绍家庭成员；《我妈妈》既可以学习运用比喻，也可以学习围绕一个总起句来写一段话，还可以学习表达自己对人物的看法。

二、创设表达情境，设计教学流程

在熟知绘本内容的基础上，引导学生发现作者的表达秘密——在语言表达上用了什么句式，在结构上有什么特点等。然后联系学生的生活经验创设表达情境，从而激发学生的表达欲望。教学环节设计要简单明了，目标集中。一般可以按这样的思路来设计教学：熟读绘本—引导发现—尝试运用—展示点评。

三、鼓励个性表达，及时评价反馈

虽然"绘本读写"的写话训练是以句式仿写或结构仿写为主，但老师还是应该鼓励能力强的孩子有个性化的表达。我们对学生要以鼓励为主，分层要求。在教学过程中要善于发现学生的闪光点，及时点评，这样才能激发学生的写话兴趣。

深圳市龙岗区教师发展中心　　龙咏梅

一、分级目标

一年级下学期
读绘本并仿写绘本中的典型句式，比如"如果……就……"等复句。

二年级
1. 读绘本并根据绘本的语言特点进行仿写。 2. 阅读《我妈妈》等系列"写人"绘本，能抓住人物进行观察，并用简单事例来表现人物特点。

二、教学示意图

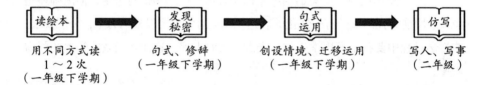

读绘本
用不同方式读
1～2次
（一年级下学期）

发现秘密
句式、修辞
（一年级下学期）

句式运用
创设情境、迁移运用
（一年级下学期）

仿写
写人、写事
（二年级）

第9课　绘本读写，用标点

——《月亮，你好吗》教学案例

深圳市龙岗区兴泰实验学校　陈桂梅

【**教学内容**】补充教材绘本读写《月亮，你好吗》

【**教学目标**】

（1）通过多形式朗读绘本，体会句号、问号和叹号所表达的不同语气。

（2）结合故事创设写作情境，在写话训练中培养学生的想象力和表达能力。

（3）在写话中合理使用句号、问号和叹号。

【**教学重难点**】体会句号、问号、叹号的不同语气，并在写话中合理使用。

【**适用年级**】一年级下学期或二年级上学期

【**教学准备**】课件、绘本《月亮，你好吗》

【**教学时长**】40分钟

【**教学流程**】

一、聊一聊，激趣导入

师：马上就要到中秋节了，为了让小朋友度过一个美妙而有意思的中秋，我们开展了以"月亮"为主题的阅读活动，快来瞧瞧我们都读过哪些跟月亮有关的绘本吧。

（1）出示中秋节图片。

师：中秋节，我们是不是可以认为这一天是月亮的生日呢？如果是的话，我要在这里祝——

生：《月亮，生日快乐》。

师：在过生日的时候，我们是不是经常要唱一首生日快乐歌呀？那么我们就唱——

生：《月亮之歌》。

师：唱完歌，月亮可要许愿了。它许了什么愿呢？嘘！那可是——

生：《月亮的秘密》。

师：我们还"偷偷"尝了尝——

生：《月亮的味道》。

师：夜晚，望着窗外圆圆的月亮，我们班小朋友禁不住问了声——

全班学生：《月亮，你好吗》。

（2）板书课题。

［设计意图：创设美妙的情境——边吃月饼，边赏明月，轻声细语地为孩子解读绘本中美丽的故事……课前跟学生一起回顾本月读过的书目，激发学生学习的积极性，引发学生思考。］

二、读一读，感知句式语气

（1）出示绘本封面，读出疑问句的语气：月亮，你好吗？

（2）听读绘本，感知故事内容。

师：老师读故事，你们安静地听，注意，不要说话哦！但你们可以做各种表情来表达内心的想法。

（3）采用各种方式朗读，感受陈述句、感叹句、疑问句的不同语气。

①学生跟读。

②小老师带读。

③男女生接龙读。

（4）带着问题师生合作朗读故事，能读出陈述、感叹、疑问的语气。

师：小朋友们，让我们带着这两个问题来合作读一读，我读一句，你们跟读一句好吗？

问题一：这个故事的主角是（　　　　　）和（　　　　　）。

问题二：故事里的句子结尾的标点符号有（　　　　　）、（　　　　　）和（　　　　　）。

①分别指名回答问题，教师点评。

②认读"。""？""！"三种标点符号。

③在田字格里正确规范书写"。""？""！"。

［设计意图：让学生在绘本阅读中发现并朗读出句号、问号、叹号的不同语气，能够认读并正确书写句号、问号、叹号；通过听读故事，理清故事结

构，为创编故事作好铺垫。]

三、编一编，学习使用标点

师：故事里的话都是丁丁说的话，太阳和月亮一句话都不说。我们来编一个故事，让太阳和月亮也说话，好吗？

（一）出示图片一，引导想象

图片一：清晨，丁丁见到太阳，高兴地与太阳打招呼的情景。

（1）根据以下提示，分组讲故事。

一个美好的清晨，丁丁问太阳："＿＿＿＿＿＿＿＿＿＿"太阳笑眯眯地说："＿＿＿＿＿＿＿＿＿＿"丁丁＿＿＿＿＿＿＿＿＿＿。

（2）引导想象。

师：如果丁丁和太阳是第一次见面，他们会怎么打招呼呢？

生：你是谁呀？

生：你叫什么名字？我们可以做朋友吗？我们可以一起玩吗？

生：你叫什么名字？我是丁丁，很高兴认识你呀！

师：如果丁丁和太阳是好朋友，他们会怎么打招呼呢？

生：太阳，你在干什么呀？

生：我好想你呀！我们一起玩游戏吧！

师：请同学们根据自己的想象，完整地说一说自己的故事开头并把它写下来。

（3）完成作业单"我会编"中的第1句。

（二）出示图片二，引导想象与表达

图片二：丁丁看见太阳掉进水中大吃一惊的情景。

有一天，太阳"扑通"一声掉到了河里，吓得小鱼们都跳起来啦！丁丁惊讶地问："＿＿＿＿＿＿＿＿＿＿＿＿"太阳＿＿＿＿＿地说："＿＿＿＿＿＿＿＿＿＿"

（1）各小组学生自由交流。

（2）完成作业单"我会编"中的第2句。

（三）出示图片三，引导想象

图片三：丁丁带着太阳回家的情景。

（1）创设情境，出示句子。

后来，丁丁带着太阳回家了，太阳好开心！他们一起＿＿＿＿＿＿＿＿＿。

师：请你猜猜看，丁丁带着太阳回到家，他们会一起做什么事情呢？

生：他们一起荡秋千。

生：他们一起吃巧克力布丁。

生：他们一起玩玩具。

生：他们一起弹钢琴、画画。

生：他们一起读绘本故事、唱歌、跳舞。

（2）完成作业单"我会编"中的第3句。

[设计意图：教师根据图画内容创设不同交际情境，逐步引导学生进行想象与表达，让学生一步一步交流，先说后写，并在写话的过程中学习使用句号、问号和叹号；结合故事情境，培养口头表达能力，为写话打下基础。]

四、评一评，星级小作家

师：请小朋友们把创编好的故事读一读，看看谁创编的故事最有意思！

（1）出示作业单，明确要求：

①能正确使用"。""？""！"。（★★★）

②能把字写工整，句子写通顺。（★★★★）

③有自己的想法，还能写清楚。（★★★★★）

师：如果你能正确使用"。""？""！"，那你就是三星级小作家，老师会在你的作业单上盖上三颗星星。要是你能把字写工整，句子写通顺，哇，那你就是四星级小作家啦！要是你还能有自己的想法，写得特别清楚，恭喜你，你就是五星级大作家啦！

（2）展示学生作品，师生评价。

根据以上要求进行评价，要特别表扬和鼓励有自己想法的孩子。

[设计意图：采用星级评价可以激发孩子的写作兴趣，同时，写作要求也有梯度，对不同能力的孩子而言都有挑战性。]

五、说一说，巩固标点用法

（1）师生告别，教师示范：这个故事多有趣啊！我把它送给你们吧。你们喜欢吗？

（2）学生自由表达。

生：陈老师，谢谢您给我们带来这么有趣的绘本故事！下节课还讲绘本故事吗？

生：我很喜欢听这个故事，也喜欢写故事，回到家里我要把今天编的《月亮，你好吗》送给爸爸妈妈。

[设计意图：让学生在真实的情境中练习运用句号、问号、叹号，既巩固了所学内容，又充满趣味。]

板书设计

月亮，你好吗

　。　　？　　！　　　　　见面打招呼
句号　问号　叹号　　　　　掉进水里
　　　　　　　　　　　　　回家后

作业单设计

小朋友，故事读完了，你喜欢《月亮，你好吗》这个绘本吗？现在，老师要考考你了，你能完成下面的任务吗？

一、我会写

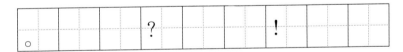

二、我会编

1. 一个美好的清晨，丁丁问太阳："＿＿＿＿＿＿＿＿＿＿"太阳笑眯眯地说："＿＿＿＿＿＿＿＿＿＿"丁丁＿＿＿＿＿＿。

2. 有一天，太阳"扑通"一声掉到了河里，吓得小鱼们都跳起来啦！丁丁惊讶地问："＿＿＿＿＿＿＿＿"太阳＿＿＿＿地说："＿＿＿＿＿＿＿＿"

3. 后来，丁丁带着太阳回家了，太阳好开心！他们一起＿＿＿＿＿＿＿＿
＿＿＿＿＿＿＿＿＿＿＿＿＿＿＿＿＿＿＿＿＿＿＿＿＿＿＿＿＿＿＿

学生习作

月亮，你好吗？

深圳市龙岗区兴泰实验学校一（6）班　林鼎杰

一个美好的清晨，丁丁问太阳："太阳，你在干什么呀？"太阳笑眯眯地说："我在唱歌！"丁丁也跟着太阳一起唱。

有一天，太阳"扑通"一声掉到了河里，吓得小鱼们都跳起来啦！丁丁惊讶地问："太阳，你会游泳吗？"太阳不慌不忙地说："我会游泳，放心！"

后来，丁丁带着太阳回家了，太阳好开心！他们一起唱歌、跳舞、看书、吃蛋糕。

教师点评：鼎杰同学能够结合自己的想象来编故事，并且能根据句子的不同语气正确使用句号、问号和叹号，写故事时能做到语句通顺、条理清楚，而且故事的结尾也很有意思！

第 10 课　绘本读写，学句式

——《早餐，你喜欢吃什么？》教学案例

深圳市龙岗区坪地街道第二小学　韩海燕

【**教学内容**】补充教材绘本读写《早餐，你喜欢吃什么？》

【**教学目标**】

（1）引导发现绘本表达特点，模仿"如果……那么……"的句式进行表达训练。

（2）利用思维导图展开想象，创编儿歌。

【**教学重难点**】尝试运用"如果……那么……"的句式进行表达。

【**适用年级**】一年级下学期

【**教学准备**】

（1）绘本读写课件、写作作业单。

（2）布置学生课前了解人或小动物早餐的不同食物，准备丰富的图片素材。

【**教学时长**】40 分钟

【**教学流程**】

一、游戏时光——我的梦想餐桌

（1）教师趣味导入，出示餐桌图。

师：瞧，小熊已经坐上了梦想早餐桌，小朋友们快来帮助它实现早餐梦想吧！

（2）引导想象，自由表达。

师：小熊的早餐可能是什么呢？你能猜一猜吗？

生：我猜，小熊的早餐可能是蜂蜜！

生：我猜，小熊可能喜欢吃饼干！

生：我猜，小熊的早餐桌上可能有坚果！

……

二、阅读时光——走进绘本剧场

（1）出示绘本，导入主题。

师：小朋友们，今天还有一些小动物也来分享它们的早餐，让我们看看它们喜欢吃什么。

（2）出示封面图，师生轻声读绘本题目。

（3）提示要求，播放绘本朗读录音。

①教师提醒："一会儿注意听听都有哪些小动物，它们都爱吃什么。看看谁是会听故事的孩子。"

②播放绘本朗读录音。

课前教师录制好整本绘本的朗读音频，也可以由教师现场读绘本。

（4）学生试读，熟悉绘本语言。

教师激发："这么有趣的绘本，谁能自己来读一读？"

请三名学生分内容合读，教师对学生不认识的字小声提示，对语气和熟练程度不作评价。

教师进一步激发："绘本里有你喜欢的小动物吗？它喜欢吃什么？你能把有关它的句子读出来吗？"

学生再读，教师对语气和熟练程度仍不作评价，只让学生熟悉句子。

［设计意图：在"阅读绘本"环节，教师不作过多的阅读指导，因为绘本读写的目标是根据绘本的表达特点去仿写，提高表达的能力。因此，在这个环节，读绘本是为了写作而服务的。］

三、探索时光——发现语言秘密

（1）对比句子，发现句式的相同之处。

出示例句：

早餐，如果你喜欢吃鱼，那么，你可能是一只猫。

早餐，如果你喜欢吃骨头，那么，你可能是一只狗。

早餐，如果你喜欢吃花生，那么，你可能是一只老鼠。

师：小朋友们，你们发现这些句子有什么特点吗？

生：我发现这些句子都在说小动物吃早餐。

师：你真会读书，能找到故事的主题！

生：我发现每句话里都有一些词语是相同的。

师：快说说！是哪些词语呢？其他小朋友也可以帮助他找一找！

生：有"如果"，还有"那么"和"可能"。

师：你真是个会观察的孩子！这可是一个重要的句式发现呢！

（2）熟读词语，感知词语的表达特点。

（3）巧迁移。

师：要是我们能用这样的词语来说说其他小动物喜爱吃的早餐，就更有趣啦！

［设计意图：绘本充满童真、童趣，语言既简洁生动又便于模仿，学生即使年龄小，在多读的基础上也仍然能够感悟到语言的表达特点，顺利实现口头表达到书面表达的过渡。因此，发现绘本内容蕴含的规律和语言的表达特点，总结语言运用特点，就帮助孩子们找到了创意读写的钥匙。］

四、分享时光——形成句式表达

（1）出示松果图，学生依据图画创编句子。

师：快看，这是什么？

生：这是松果。

师：猜猜谁爱吃松果呢。用刚刚的词语连起来说一说。

生：早餐，如果你喜欢吃松果，那么——你可能是一只小松鼠。

师：这只小松鼠是什么样子的？加进句子里再说一说。

生：早餐，如果你喜欢吃松果，那么——你可能是一只可爱的小松鼠。

生：早餐，如果你喜欢吃松果，那么——你可能是一只灵活的小松鼠。

……

（2）出示汉堡图，学生依据图片想象创编组句。

师：大家说得真好，快来看看奖励！

生：哇！汉堡！

师：谁喜欢吃汉堡呢？再用"如果……那么……"来说一说。

生：早餐，如果你喜欢吃汉堡，那么——你可能是一个小朋友。

生：早餐，如果你喜欢吃汉堡，那么——你可能是爱吃零食的哥哥。

生：早餐，如果你喜欢吃汉堡，那么——你可能是我淘气的妹妹。

……

师：如果把你们的句子合起来，就可以变成一段话呢！来，跟老师一起试一试!

出示课件组句,师生合读:

早餐,如果你喜欢吃汉堡,那么——你一定是一个小朋友。

早餐,如果你喜欢吃汉堡,那么——你可能是我哥哥。

早餐,如果你喜欢吃汉堡,那么——你也可能是我的妹妹。

……

(3)出示多幅图,学生选择图片想象创编。

出示玉米、小草、巧克力、蛋糕、树叶……

师:现在,请你展开丰富的想象,为图上的食物找到它们的早餐主人吧!

请不同的学生自由表达,兼顾到语言表达慢的孩子,适当给予机会进行引导。

生:早餐,如果你喜欢吃巧克力,那么——你可能是一个可爱的小朋友,或者是一个开车很累的司机叔叔,或者是爱吃甜品的妈妈。

生:早餐,如果你喜欢吃玉米,那么——你可能是一只小鸡,可能是一只飞了很远很远的路的鸽子,可能是一只贪吃的小猪,还可能是一个会吃饭的小朋友。

生:早餐,如果你喜欢吃小草,那么——你可能是一只咩咩叫的小山羊,或者是一头强壮的奶牛,或者是一匹跑得飞快的马儿。

[设计意图:由单图到多图,由一句到组句,体现了循序渐进的学习规律,呈现阶梯式学习模式,孩子们一步一步稳稳当当地实现能力提升,顺利实现由句到段表达的过渡。]

五、创作时光——我的绘本故事

(1)发散思维,完成作业单第一题。

师:你的早餐喜欢吃什么呢?你还知道其他人或小动物爱吃什么吗?请学着老师的样子填写,挑战三星级任务。

(2)创编绘本,完成作业单第二题。

学生根据思维导图,独立完成作业单上的"我会自己创编",挑战五星级任务。

教师巡视指导,提示学生在题目下面写上作者,发现独特之处当场向全班分享。

（3）课后延伸，画一画绘本故事。

师：课后，我们还可以把这个故事继续写下去或者画出来，在家读给爸爸妈妈听，或者请老师在班级展示，让更多的读者来分享你的绘本故事。

[设计意图：图画语言培养孩子的观察力、想象力、审美力，创造绘本独有的丰富想象空间，既可以让学生获得写作的欢愉，养成独立思考的能力，又可培养发散思维能力，而这个过程也遵循了从观察绘本到感悟创编的渐进规律。]

附

板书设计

> 早餐，你喜欢吃什么？
>
> 如果……（鱼），那么……（猫）
>
> （骨头）　　　（狗）
>
> （花生）　　　（老鼠）
>
> （ ? ）　　　（ ? ）

作业单设计

亲爱的小朋友，读完绘本《早餐，你喜欢吃什么？》，你喜欢"如果……那么……"这样的句式吗？看看下面的写作任务，你可以拿到几颗星？

一、我会自己填写（★★★）

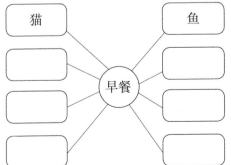

写作提示：

1. 你早餐喜欢吃什么呢？

2. 你还知道其他人或小动物爱吃什么早餐吗？

3. 学着老师的样子来填写。

二、我会自己创编（★★★★★）

你还知道哪些小动物？它们都喜欢吃什么早餐呢？你也来创作一首这样的小儿歌吧！

早餐，你喜欢吃什么？

作者：＿＿＿＿＿＿＿＿

早餐，如果你喜欢吃鱼，

那么——你可能是一只猫。

早餐，如果＿＿＿＿＿＿＿＿＿＿＿＿，

那么——你可能＿＿＿＿＿＿＿＿＿＿＿＿。

早餐，如果＿＿＿＿＿＿＿＿＿＿＿＿，

那么——你可能＿＿＿＿＿＿＿＿＿＿＿＿。

早餐，如果＿＿＿＿＿＿＿＿＿＿＿＿，

那么——你可能＿＿＿＿＿＿＿＿＿＿＿＿。

早餐，如果＿＿＿＿＿＿＿＿＿＿＿＿，

那么——你可能＿＿＿＿＿＿＿＿＿＿＿＿。

学生习作

早餐，你喜欢吃什么？

深圳市龙岗区坪地街道第二小学一（3）班　张梓耀

早餐，如果你喜欢吃鱼，

那么——你可能是一只猫。

早餐，如果你喜欢吃肉，

那么——你可能是一只可爱的小狗。

早餐，如果你喜欢吃青草，

那么——你可能是一匹活泼的马。

早餐，如果你喜欢吃小米，

那么——你可能是一只自由自在的鸡。

早餐，如果我喜欢吃米饭，

那么——我就是一个不挑食的小朋友！

教师点评：亲爱的孩子，你充分模仿绘本中的句式，把每一种食物的小主人都写得特别有趣。小狗是可爱的，马是活泼的，鸡是自由自在的，它们都有自己的独特之处哦！最后一句从写"你"转向写"我"，改变了前面三句的人称表达方式，太有创造力了！

第 11 课　绘本读写，学写人

——《我家是动物园》教学案例

深圳市龙岗区实验学校　肖夺印

【**教学内容**】补充教材绘本读写《我家是动物园》

【**教学目标**】

（1）引导发现绘本故事中"抓住特点进行想象"的表达方法。

（2）联系现实生活，展开联想，写出家人的特点。

【**教学重难点**】能抓住家人与动物的相似之处，展开联想，写出家人的特点。

【**适用年级**】二年级下学期

【**教学准备**】作业纸、课件

【**教学时长**】40 分钟

【**教学流程**】

一、游野生动物园，猜猜看

师：同学们，你们喜欢逛野生动物园吗？

点名介绍喜欢的动物，其他同学猜猜他说的是什么动物。

（要求：介绍的同学不能说出动物名称，可以在说的时候加上动作；看的同学要仔细观察，用心倾听，判断他介绍的是什么动物。）

教师小结：同学们猜得很准确，知道为什么吗？（抓住了动物的特点来介绍）

[设计意图：新课标指出，低年级习作教学要"激发学生写话兴趣"，因此从学生生活出发，激发学生的表达欲望，能为引入新课作好铺垫。]

二、逛家庭动物园，读绘本

（一）走进绘本——了解家人与动物的相似之处

师：今天，我们的课堂上来了一位小朋友，他叫祥太。他说他的家也是个动物园，这是怎么回事呀？一起来听听。（老师讲故事）

师：祥太家的动物园都有谁呀？

生：猴子祥太、狮子爸爸、浣熊妈妈。

师：你真会读书，一口气说出了三个家庭成员。还有吗？

生：长颈鹿爷爷、狐狸奶奶、兔子妹妹。

教师小结：祥太真是个想象力丰富的孩子，他把家人当作动物啦，好有意思呀。

（二）细读绘本——发现家人与动物的相似之处

师：同学们，下面仔细阅读绘本，找一找祥太家人和对应的动物有哪些相似的地方呢。

师：首先老师来作示范，我们一起来读读写祥太的部分，找找他和猴子的相似之处。

生：猴子爱吃香蕉，爬树最拿手，还会模仿别人。这也是祥太擅长的地方。

师：对呀，这三个特点就是祥太和猴子的相似之处，你真是个会观察、会思考的孩子。

教师板书总结：

祥太与猴子——爱吃香蕉、爬树最拿手、会模仿别人。

师：我们再来读读写爸爸的部分，找找他与狮子相似的地方在哪儿呢。

生：最爱吃肉、脾气不太好。

师：爸爸和狮子还有哪些相似的地方，再找找。

生：头发乱蓬蓬、狮子吼。

师：找得很完整了，把"大拇指"送给你！

教师板书总结：

爸爸与狮子——最爱吃肉、脾气不太好、头发乱蓬蓬、狮子吼。

师：下面请自己读后面的内容，圈画其他家人与对应动物的相似之处。

学生圈画，教师巡视并指导。

师生交流，突破难点。

师：刚才老师发现，有好几位同学在圈画妈妈和小浣熊的相似的地方时被难住了，谁来当小老师给大家分析分析？

生：小浣熊很爱干净，每次捕捉到的动物总要在水里洗一洗；而妈妈，差点连"我"都一起洗了。说明了他们的相似之处在于爱干净、讲卫生。

师：你真是个爱动脑的孩子。其他同学都明白了吗？

师：同学们，来汇报一下你们的学习成果吧，说说其他家庭成员与动物的相似之处吧。

生：爷爷和长颈鹿的相似点是个子高。

生：奶奶和狐狸的相似点是善于变化、爱美。

生：妹妹和兔子的相似点是竖起耳朵听，天真可爱。

师：同学们都是喜欢动物的小朋友，一下子就找出了两者之间相似的特点。

师：会读书的小朋友不光能读懂绘本，还能归纳总结。纵观家人与动物的相似之处，一般包括哪些方面呢？

生：祥太和猴子吧，饮食相似、爱好相似、本领相似。

生：爸爸和狮子吧，饮食相似、外貌相似、性格相似。

师：同学们概括得真好，这是一项非常重要的学习本领哦。其他成员呢？

生：其他成员还有喜好、行为等相似的地方。

（三）总结：提炼家人与动物的相似之处

相似之处：饮食、外貌、特长、性格、喜好、行为等。

［设计意图：通过阅读绘本，去寻找发现祥太家人与动物的相似之处，感受祥太丰富的想象力和一家人的和谐温馨，为学生想象家人作了示范和引领。］

三、回归自己的家，延伸绘本

师：绘本中把每一个人都比作一种动物，这是人物和动物的关系。祥太通过每个人不同方面的特点，展开联想来描写人物，这叫作"抓住特点来联想"。同学们想试试吗？

（一）说一说

选择自己或家人介绍，说特点，联想动物。

```
┌─────────────────────────────────────────────────────────┐
│                      介绍自己                             │
│   我叫_____，是个小_____孩。其实呢……我是_____，   │
│ _____。   │
│                                                           │
│                      介绍家人                             │
│   这是我的_____，_____。其实呢……他／她是  │
│ _____，_____。   │
└─────────────────────────────────────────────────────────┘
```

师生交流，互动点拨。

生：我叫嘟嘟，是个小男孩。其实呢……我是一只小蜗牛，做起事来慢吞吞的。

师：你把自己比作了蜗牛，好生动的比方。你能用具体事例来表现自己慢吞吞的性格吗？

生：我做起事来慢吞吞的。吃饭慢，走路慢，做作业也很慢。

师：通过具体事例表现人物就更生动了。妈妈是不是经常在耳边喊"快点儿，快点儿"？

生：这是我的妈妈，她叫黄银杏。其实呢……她是一只蜜蜂，因为她很勤劳。每一次她打扫卫生都非常干净。不过，她唠叨的声音就像蜜蜂的翅膀，但她还是我的好妈妈。

师：哇，说得真好。你抓住了妈妈和蜜蜂的第一个相似点是勤劳，第二个相似点很特别，妈妈唠叨的声音像蜜蜂振翅的声音，好有想象力呀！

生：这是我的爸爸，他叫邓鹏。其实呢……他是一只胖胖的、懒懒的猪。他有一个超级胖的大肚子，每天回家喜欢玩手机，我最喜欢坐在他的肚子上玩，软绵绵的，很舒服。我爱我的爸爸。

师：你有一个懒懒的、憨憨的、超爱你的爸爸，好幸福吧。

教师点拨：描写家人的角度还可以是嗓门大、胆子小、动作慢、反应快、性格急躁或憨厚、做事勤快等，帮助学生打开思路。

[设计意图：通过示范、引导、迁移，旨在帮助学生从不同角度打开习作思路。]

（二）画一画

找到家人与所联想的动物的相似之处，用笔画下来。

（三）写一写

分析每个人物的特点，仿照绘本中的格式，写作"我家是动物园"。

[设计意图：模仿是低年段乃至整个小学阶段写作的重要途径，能引导学生运用规范的语言进行表达。]

（四）改一改

（1）同桌互读习作，夸一夸对方的亮点。

（2）读给家人听，请家长对"写得像不像"进行评价，提出修改意见，自行修改。

[设计意图：让学生把习作读给家人听，请家人对是否准确写出了人物特点进行验证，也可适时补充素材。这样可以促进学生与家人的情感交流，同时培养学生自我修改的习惯，受益终身。]

 附

板书设计

> **我家是动物园**
>
> | 祥太 | （相似特点） | 猴子 |
> |------|------|------|
> | | 爱吃香蕉 | |
> | | 爬树最拿手 | |
> | | 会模仿别人 | |
> | 人 | （相似特点） | 动物 |
> | | 饮食　外貌 | |
> | | 性格　特长 | |
> | | 喜好　行为 | |

作业单设计

小朋友，故事读完了，你喜欢《我家是动物园》这个绘本吗？现在，请仔细观察你的家人，写写他们与众不同的地方吧。老师相信你一定会写得很棒。

一、我会画

观察家人与所联想的动物的相似之处，用笔画下来。

二、我会写

仿照绘本中的格式，写写《我家是动物园》。

我叫_____，是一个小____孩。其实呢……我是_____。

_____

这是我的爸爸_____，_____。其实呢……他是_____。

_____

这是我的妈妈_____，_____。其实呢……她是_____。

_____

学生习作

我家是动物园

二（1）班　黄俊诚

我的妈妈是黄银杏女士。其实呢……她是一只蜜蜂，因为她很勤劳，每一次她打扫卫生都非常干净。不过，她唠叨的声音就像蜜蜂振翅的声音。但她还是我的好妈妈。

我的爸爸叫邓鹏。其实呢……他是一只胖胖的、懒懒的猪，他有一个超级胖的大肚子。他每天喜欢玩手机，我喜欢坐在他肥胖的肚子上玩，软绵绵的，很舒服。我爱我爸爸。

教师点评：俊诚同学很有想象力，首先抓住了妈妈和小蜜蜂的相似之处——勤劳，通过"每一次她打扫卫生都非常干净"表现出来。更值得欣赏的是把妈妈的唠叨声比作了蜜蜂振翅的声音，很有想象力。同样抓住了爸爸胖、懒的特点，人物形象惟妙惟肖。对于二年级的小朋友来说，能写出这样的作品，很棒哦！

第 12 课　绘本读写，学比喻

——《我妈妈》教学案例（A）

深圳市龙岗区坪地街道第二小学　韩海燕

【**教学内容**】补充教材绘本读写《我妈妈》

【**教学目标**】

（1）引导发现绘本语言表达的特点，通过思维导图激发写作兴趣。

（2）能用"是……也是……""像……一样……"等句式表达人物特点。

（3）创设写作情境，进行连句成段的写话训练。

【**教学重难点**】引导学生通过相关句式的仿写，连句成段，表达人物特点。

【**适用年级**】二年级上学期

【**教学准备**】

（1）绘本读写课件、写话作业单。

（2）布置学生在家中了解妈妈或其他家人的职业、性格与喜好。

【**教学时长**】40 分钟

【**教学流程**】

一、导入激趣：猜猜她是谁

（一）出示封面图，回忆书名

师：小朋友们，我知道，你们一定是小书迷，快看看，老师这儿有本书，谁读过？能告诉我这本书叫什么名字吗？

生：这本书我读过！书的名字叫《我妈妈》！

师：你猜对啦！你一定是个爱读书的孩子！

（二）分享作者与译者，阅读提示

师：这是一本由英国安东尼·布朗创作，中国余治莹翻译的绘本故事，请认真听老师读一遍，看看谁听完故事能说说绘本中的妈妈是一个什么样的妈妈。

[设计意图：在一年级绘本阅读的关注点上进行提升，增加了解作者的环节，既作为开场的引趣，又成为读书方法与写作表达相融合的铺垫。]

二、初次读写：夸夸她的优点

（一）听老师读，初知绘本语言

教师朗读或播放提前录制好的"微阅读"小视频（视频采用绘本中的图片作背景，再配上教师朗读），要求学生认真听和看。

（二）学生自由表达发现的语言特点

师：看完绘本，你喜欢绘本中的妈妈吗？这位妈妈是一个什么样的妈妈呢？你能用绘本中的一句话来告诉大家吗？

生：我妈妈是一个有魔法的园丁。

生：我妈妈像蝴蝶一样美丽。

生：她吼起来像狮子一样凶猛。

生：我妈妈是一个超人妈妈。

生：我妈妈是个手艺特好的大厨师。

……

（三）师生共同发现并总结第一组句式特点

师：老师把你们找到的这些句子放到一块，先看第一组，你们能发现什么秘密吗？（课件出示带有"是……也是……"的句子）

生：我发现句子里都有相同的词，"是……也是……"。

师：对，你真是火眼金睛！

生：我发现这些句子都在写妈妈在家里做了一些什么，还有职业。

师：嗯，真了不起，大家在观察中找到了表达规律。"是……也是……"这些句子写出了辛勤劳动的妈妈，也是对妈妈的夸赞呢！

（四）尝试仿说

师：你可以仿照来说说你的妈妈吗？

学生自由仿说，师生共同评价。

生：我妈妈是个机灵敏捷的女司机，也是一个热爱运动的网球员。

师：说得真好，在你眼中妈妈不但开车技术好，还爱运动。

生：我妈妈是一位让人尊敬的老师，还是一位声音甜美的歌唱家。

生：你的妈妈真厉害。

生：老师，我可以说我的爸爸吗？

师：当然可以，身边的人我们都可以来夸赞！

……

三、再次读写：说说她的特点

（一）续读绘本，发现新的表达特点

师：在绘本中，妈妈还有不同的性格呢，我们继续来读一读第二组句子。

学生齐读带有"像……一样……"的句子，发现句式特点。

生：这些句子里面相同的词语是"像……一样……"。

生：这些句子有的在夸妈妈，有的在说妈妈的身体特点，还有的在说妈妈着急的样子。

……

（二）发散思维，模仿句式表达

（1）教师提出任务：你的妈妈有哪些性格特点？根据课前你的了解，先填一填作业单的第一题，不会写的字可以用拼音，也可以画出来，争取把妈妈更多的性格特点表现出来。

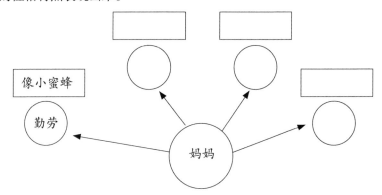

（2）学生独立尝试完成思维图后，师生交流。

师：你能根据你的思维导图，用上"像……一样……"来说一说妈妈的性格吗？

生：我妈妈像蜜蜂一样勤劳，还像太阳一样温暖。

生：我妈妈像米奇一样聪明，还像长颈鹿一样有长长的脖子。

生：我妈妈像鱼儿一样灵活，还像豹子一样急躁。

……

[设计意图：当绘本呈现在老师面前时，老师先要在上课前读懂文字的内涵，并把文字构建的秘密点探索出来，这样才能帮助学生为写作搭建更坚实的支架。"夸夸妈妈的优点"和"说说妈妈的特点"正是在这本绘本中发现的语言秘密，前面的句式多为"是……也是……"，后面的句式为比喻句"像……一样……"。不用直接告诉孩子们这些规律，只要通过读，把句式放在一起比较，他们就能发现这些秘密，自我筑成语言表达上升的台阶。]

四、拓展角色，形成写作情境

（一）续读绘本，拓展文本角色

出示绘本最后一部分文字内容，学生齐读。

师：想象一下妈妈还可能做哪些工作，继续补充思维导图。

生：妈妈还可能是一个护士，或者是一个科学家。

生：妈妈是一个白衣天使，还可能是一个科学家。

生：妈妈可能是一个清洁工人，还可能是个大厨师。

……

（二）升华情感，形成新的写作情境

师：小朋友们都展开了充分的想象，是呀，无论妈妈从事哪种职业，她的工作是什么，她的性格怎么样，有一点绝对不会变，那就是——

出示绘本最后一句话。

生：（齐读）我爱她！而且你知道吗？她也爱我！永远爱我！

师：不管妈妈是一个_____（生自由填），还是一个_____。我爱她！而且你知道吗？她也爱我！永远爱我！

（三）汇总创作，实现读写目标

师提示：根据刚刚的练习和思维导图补充，把这些句子合在一起，写成一段话来表达对妈妈的爱，挑战五星级写话。

出示作业单第二题，学生独立完成"我会自己写"。

师提示：记得在题目下面写上你的姓名哦，亲爱的小作家！

[设计意图：由一个句子到一组句子，由一组句子到一个段落，这正是绘本可以为孩子提供仿写的巧妙所在！抓住这样的秘密之处和巧妙之处来促进学生写作能力的初步形成，是春风化雨般的浸润，也是扎扎实实的基本功练习。]

五、展示延伸：我是绘本小作家

（1）学生上台展示和分享作品，师生共同评价（以鼓励为主）。

（2）布置课后任务：为文字配上图画，把作品交给老师，成为一名优秀的绘本小作家！

板书设计

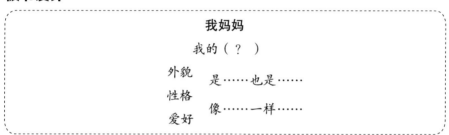

作业单设计

亲爱的小朋友，读书和写作都是一件非常美妙的事情，读完绘本《我妈妈》以后，你也来夸夸你的爸爸妈妈、好朋友或者其他人，你敢接受星级挑战吗？来！看看下面的写作任务，你可以拿到几颗星？

一、我会填（★★★）

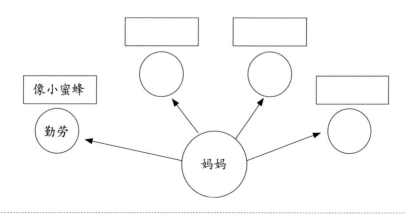

二、我会自己写（★★★★★）

写作提示：

1. 你喜欢自己的妈妈吗？

2. 你也来夸夸自己的妈妈，说说她的优点。

3. 你知道她喜欢做什么吗？

当然，你也可以夸夸其他人，比如：你的爸爸、好朋友、爷爷……

学生习作

我爸爸

深圳市龙岗区坪地街道第二小学二（3）班　肖欣蕾

我爸爸是个勤劳的工人，也是个优秀的电工。爸爸是一个聪明的人，也是一个严格的父亲。

我爸爸有时候坐在沙发上像安静的闹钟，有时候却像老虎一样凶猛。不管我爸爸是只大象，还是只老虎，我爱他！而且你知道吗？他也爱我！永远爱我！

教师点评： 欣蕾小朋友成功挑战了五星级写作任务！你笔下的"爸爸"真特别，你既赞美爸爸的勤劳、优秀、聪明，也说出爸爸严格，一定是脾气大的时候像老虎，对吗？瞧，你还把爸爸比喻成安静的闹钟，多么形象有趣！最后的感叹号将你与爸爸之间深厚的情感表现出来了，真好！

第 13 课　绘本读写，学观点表达

——《我妈妈》教学案例（B）

深圳市龙岗区实验学校　江苑

【教学内容】补充教材绘本读写《我妈妈》

【教学目标】

（1）引导概括绘本人物的外貌、性格等特征，能用"因为……所以……"或"……因为……"清楚地表达自己的观点。

（2）学会写作的基本格式，养成写话开头空两格和加标点的习惯。

【教学重难点】能用"因为……所以……"清楚地表达自己的观点，根据需要进行自主写作。

【适用年级】二年级下学期

【教学准备】作业纸、课件

【教学时长】40 分钟

【教学流程】

一、古诗激趣，引入主题

读古诗——《游子吟》（出示文字）。

师：同学们会读这首古诗吗？全班一起读。

师：老师还带来这首诗的抖音最火动画版，我们起立跟着视频一起边做动作边读古诗吧！（播放视频）

师：孩子们，这首诗中的妈妈给你们留下了什么印象？（慈祥、爱孩子）

师：今天老师为大家带来一个绘本故事，名字叫《我妈妈》（板书）。

师：这是"国际安徒生大奖"获得者——英国儿童画家安东尼·布朗的作品，他会写"我"妈妈什么？让我们一起来看一看。

　　[设计意图：上课伊始，从学生的兴趣点出发，课前互动，边做动作边读古诗，调动学习积极性，紧扣"妈妈"这一人物形象，自然引入新课。]

二、讲述故事，了解内容

讲绘本——《我妈妈》。

出示视频《我妈妈》，全班一起观看。

接着，学生跟随老师读绘本故事。

（一）妈妈真的很棒

出示绘本内容（这是我妈妈）。

师："我"妈妈怎么样？（生自由发言）

出示绘本内容（这是我妈妈，她真的很棒！）。

师："我"妈妈真的很棒吗？我们继续往下看。

出示绘本内容（大厨师）。

师：你觉得"我"妈妈怎么样？

我妈妈（　　　），因为她（　　　）。（引导学生看图说话）

师：我们来看看安东尼·布朗是怎样说的。（生齐读）

继续出示绘本内容（杂耍演员、画家、强壮），学生看图欣赏。

师：你觉得"我"妈妈怎么样，像安东尼·布朗一样夸夸她。（生自由练说）

教师板书：能干、强壮，指导学生读："我妈妈真的很棒！"

（二）妈妈真的、真的很棒

师：接下来，安东尼·布朗会画妈妈什么呢？请你猜一猜。（生自由发言）

师：你的想法和安东尼·布朗是一样的吗？让我们一起来看看。

师：仔细观察图片，你发现了什么？

出示绘本内容（绿手指）：代表种什么都能活的人。

妈妈的绿手指，让花盆里的花结出了（　　　），让（　　　），让（　　　）。

师：为什么这样神奇呢？我们看看安东尼·布朗是怎么说的。

生：（齐读）我妈妈是一个有魔法的园丁，她能让所有的东西都长得很好。

出示绘本内容（仙子），板书：善良。

出示绘本内容（天使），板书：可爱。

出示绘本内容（狮子），板书：凶猛。

师：现在你觉得"我"妈妈怎样？

生：（齐读）我妈妈真的、真的很棒！

（三）妈妈真的、真的、真的很棒

师：接着看，妈妈还棒在哪里？

出示绘本内容（蝴蝶），板书：美丽。

出示绘本内容（沙发、猫咪），板书：温柔。

出示绘本内容（犀牛），板书：强悍。

师：现在，你觉得"我"妈妈怎么样？（生自由练说）

出示绘本内容，学生齐读："妈妈真的、真的、真的很棒！"

出示绘本内容（超人），板书：勇敢。

出示绘本内容（鬼脸），板书：幽默。

[设计意图：老师带着学生读绘本故事，引导学生归纳出妈妈温柔、强壮、勤劳、勇敢等特点，在老师的点拨下，学生明白尽量不用"厉害""超人""棒"这种比较宽泛的词语评价人物，为后面的观点表达作铺垫。]

三、复述故事，表明观点

亮观点——评妈妈。

师：刚才，我们跟随安东尼·布朗的脚步一起阅读《我妈妈》，现在用你自己的话讲这个故事。

学生看图，复述故事。思考：这是一位怎样的妈妈？

师：你想用怎样的词语来表达呢？

出示：聪明、美丽、强大……

学生说出自己的观点。

教师出示作业单设计。

师：你觉得这是一位怎样的妈妈？请填写思维导图，每完成一节小火车就会点亮一颗星，闯关成功就能得三颗星哦！

学生填写思维导图，教师边巡视边指导。

全班交流，教师及时引导。

师：是啊，在安东尼·布朗的笔下，"我"妈妈太棒啦！

·我妈妈像蝴蝶一样美丽，还像沙发一样舒适。

·我妈妈像猫咪一样温柔，有时候，又像犀牛一样强悍。

师：轻声读一读，你有什么发现？（像……一样）

师：你能像这样夸夸文中的妈妈吗？（学生任选一个句子说话）

·我妈妈像（　　　）一样（　　　），还像（　　　）一样（　　　）。

·我妈妈像（　　　）一样（　　　），又像（　　　）一样（　　　）。

师：啊，"我"妈妈很棒，不管"我"妈妈有怎样的优点和缺点，"我"都爱她。（完善板书）

[设计意图：对学生来说，如何表明观点并说出理由比较难。在学生练习写作前，可以多加提示，让学生说一说自己对人物、事物的评价。我们不提"观点"这个概念，但在教师巧妙的引导下，学生能尝试用常用句式来表明自己的看法，并且理由充分。]

四、练习写作，规范写话

练写话——用格式。

师：同学们说得太棒了！现在写一两段话说说你对这位妈妈的看法吧，注意书写格式。

出示写作要求：

（1）开头空两格，标点符号独立占一格。

（2）参照好词宝库中的提示，写一两段完整的话。

展示学生习作 1 ～ 2 篇，及时进行点评。

[设计意图：二年级学生对习作格式掌握得还不够熟练，需在不断运用中加以强化、巩固，这个过程离不开老师的反复指导与提醒；培养学生良好的书写习惯，会让学生受益终身。]

五、总结主题，推荐阅读

（1）总结：《我妈妈》为我们呈现出一位平凡而又伟大的妈妈，充满温暖的亲子情——我妈妈爱"我"，"我"也爱妈妈。每位同学也同样爱自己的妈妈。

（2）推荐安东尼·布朗的另外一本绘本《我爸爸》，让学生课后认真阅读，仿照今天学到的方法来说说对这位爸爸的看法，要求说清楚理由。

[设计意图：本节课学生已经初步掌握表明观点的方法，让学生学以致用，用本节课的阅读方法来读其他写人的绘本，既激发了学生课外阅读的兴趣，又巩固了本节课学到的表达方法。]

板书设计

我妈妈

能干　善良　美丽

温柔　强悍……

作业单设计

　　亲爱的小朋友，我们跟随安东尼·布朗一起读了《我妈妈》，你一定非常羡慕"我"有个神通广大的妈妈吧！现在，老师要考考你对这位妈妈的了解，快来挑战吧！

一、星级火车对对碰

　　你觉得这是一位怎样的妈妈？请填写思维导图，每完成一节小火车就会点亮一颗星，闯关成功就能得三颗星哦！

二、写写你的看法

　　1. 说说你的看法和理由。

　　比如：我觉得这是一位可爱的妈妈，因为她不仅是个大厨师，还是个会杂技的妈妈。

　　2. 你可以用这样的词语来表达。

认为　觉得　感觉　发现　看法
聪明　可爱　温柔　美丽　伟大　强大　强悍
因为……所以……　不仅……还……　不但……而且……
既……又……　是……也是……还是……

3.写一两段话说说你对文中这位妈妈的看法，注意书写格式。

学生习作

我妈妈

深圳市龙岗区实验学校二（11）班　史书杭

我觉得绘本中的妈妈是位温柔的妈妈，因为她不仅是个有魔法的园丁，还像小猫一样美丽。我认为她是个有很多职业的妈妈，她既是一个舞蹈家，又是一个大老板。

我感觉她还是个亲切的妈妈，她不但歌声和天使一样甜美，而且是个好心的仙子。

我喜欢这样的妈妈。

教师点评：书杭，恭喜你掌握了本节课的写作方法，学会用自己的话来表达想法，运用打比方的方法写出文中妈妈的特点，理由也很充分。看得出文中的妈妈给你留下了深刻的印象。

从绘本中发现语言表达的秘密

"绘本以图文思考，用图文说话，绘本里处处藏着巧思、快乐和智慧，它是一种迷人的艺术载体，连接着孩子，也连接着未来。"中央美院绘本工作室的田宇老师在接受采访时说过这样一段话。众所皆知，绘本的最大特点是图文结合，言简意丰。那么，既然有文，就有语言。通过多年来和孩子们一起阅读与写作的经历，我发现绘本的语言里藏着许多指导学生仿写的秘密！

第一个秘密：句式

一个句子必须按照一定的模式来组织，这个模式称为句式。我们带着孩子们读绘本，特别容易发现绘本中的句式特点。如某些词语反复呈现，《早餐，你喜欢吃什么？》中"早餐，如果你喜欢吃鱼，那么——你可能是一只猫。早餐，如果你喜欢吃骨头，那么——你可能是一只狗。早餐，如果你喜欢吃花生，那么——你可能是一只老鼠……"孩子们一读就能知道，这些句子都有"如果你喜欢吃……那么——你可能是……"，这样的句式即是排比句式。

又如某些标点反复呈现。《爷爷一定有办法》中这样一段话出现了五次："'嗯……'爷爷拿起剪刀开始喀吱、喀吱地剪，再用针飞快地缝进、缝出、缝进、缝出，爷爷说：'这块料子还够做……'"如果让孩子反复读，孩子一定会发现省略号的秘密。

是呀，绘本中句式的特点就像一个公开的秘密，更是最好的仿写素材，就像给孩子一个冰淇淋模型盒，他们肯定能兴致勃勃地放进一些"牛奶""果汁"，或者其他丰富的配料，最终做成美味的冰淇淋。在绘本中发现句式的秘密，能轻松帮助孩子们在最短的时间内最快地收获读写结合的甜蜜果实！

第二个秘密：想象

童言童语为什么让人喜爱？因为它纯真，还因为它令人浮想联翩，无数绘本的文字正扑闪着那一双"想象"的翅膀，带着孩子们飞向更宽广的世界。

《我妈妈》中有结合妈妈特点的想象："她的歌声像天使一样甜美，吼起来像狮子一样凶猛。我妈妈，真的、真的很棒！我妈妈像蝴蝶一样美丽，还像沙发一样舒适。她像猫咪一样温柔，有时候，又像犀牛一样强悍。"将妈妈的性格与世间万物联结起来，多有力量的想象！同一个绘本故事中，还有关于妈妈职业的想象，"我妈妈真的、真的、真的很棒！不管我妈妈是个舞蹈家，还是个航天员，也不管她是个电影明星，还是个大老板，她都是我妈妈。"对于生活中妈妈有可能从事的职业，学生读着读着，也会跟着脱口而出，在探索语言秘密的过程中，读与写的结合就水到渠成了。所以，绘本中的想象既打开了孩子们写作的锁头，还成为了写作起步时师生乐此不疲的文字游戏。

第三个秘密：情感

我们常常说文字能传情达意，绘本是传情达意最有张力的一种读物。还不认字时，儿童们看着那些色彩图案提示，就已经能感知内容和情感。据心理专家测试并统计，6岁的儿童掌握的词汇量其实能达到3000～5000个，甚至更多，但情感表达出现在低年级的口头或书面表达中，则更加困难！绘本读写可以助力。

《猜猜我有多爱你》中的两个兔子一直在比谁更爱谁，文字中有情感的直接表达："'我爱你，像这条小路伸到小河那么远。'小兔子喊起来。'我爱你，远到跨过小河，再翻过山丘。'大兔子说。"孩子们读的时候，不知不觉明白了，妈妈的爱永远比孩子的爱要长，要远，要深，这时候，告诉孩子们："世界上有一种爱就是妈妈的爱，你能像小兔子那样去表达对妈妈的爱吗？"这个时候，低年段的孩子们虽然用不上成语、名句或华丽的辞藻，但是他们一定可以用小兔子那样的语言去传递出"爱妈妈！"《生气汤》中的小男孩霍斯这一天过得很不高兴，他妈妈用煮汤的办法带着他赶跑坏心情，最后，小男孩笑了，心里也快活多了。"你平时有没有心情不好的时候，有什么办法变好呢？"情感就从生活中而来了。其实绘本与生活是息息相关的，只有带着孩子们边写边联系自己的成长，才能借助绘本中的情感秘密找到写作的金钥匙，开启今后在作文中真实写出自己体验的大门，改变目前写作中孩子们"搬来主义""拿来主义"的可忧现状。

绘本中的语言文字不仅仅只有这三个秘密。龙老师给我们提出要求，多用绘本来搭建写作的桥梁，在低年段将绘本读写作为写作启蒙的一条路径，确实有她的深刻实践之理据。在低年级作文课堂上，我们无数次用绘本轻松上出了愉快的写作课，孩子们乐此不疲，基本没有一个学生出现"不想写"和"不会写"的状态。更令人欣喜的是，孩子们在绘本读写结合中，积累了许多好词汇，认识了平日里觉得难说明白的标点符号，还初步建立了句子、段落的概念，甚至轻松把握住了文从字顺、表达真情实感等平日里难以教会的技巧。所以，挖掘与发现绘本中的语言文字秘密，采用绘本读写来助力低年段孩子的写作起步，是可行的。

深圳市龙岗区坪地街道第二小学　韩海燕

看图与表达

看图写话是低年段写作训练的常见形式之一。它以图画或照片为写作素材，要求学生对图画进行观察并根据图画展开合理想象，最后，把观察与想象的内容写下来。由于低年级孩子处于直觉思维、形象思维占主导的阶段，他们不太善于观察，生活体验也不够丰富，所以，低年级孩子的观察能力和逻辑思维能力都比较弱。借助图片可以再现生活场景或故事情景，为孩子写作提供素材，同时也符合儿童形象思维的特点。另外，低年段语文考试题中的写话形式几乎都是看图写话，有的老师从一年级就对学生进行看图写话训练了，因此，看图写话是低年段老师最常用，也是训练最多的写话方式。尽管如此，我们从孩子的写话中还是发现了不少问题。

一、看图写话的常见问题

第一，分不清主次，抓不住重点。

低年级孩子观察的精准性差，不能全面细致地感知事物的细节，只能说出事物的个别属性。加上低年级孩子缺乏有意注意，持续观察的时间也短，因此，常常会出现"分不清主次，抓不住重点"的现象。比如，在观察图画的时候，学生可能只关注到图画中自己感兴趣的事物，而对其他事物视而不见，甚至连图画中的主要人物都忽略了。

第二，不会按顺序观察与表达。

低年级（尤其是一年级）学生因为没有经过专门训练，观察事物凌乱、不系统，看到哪里就是哪里，所以，他们不太会按一定的顺序来观察图画，这也导致他们在表达上缺乏条理，思路不清。

第三，说得具体而写得简单。

课堂教学中，在老师的引导下不少孩子能说得具体、形象，但一旦落笔就写得很简单，远远不如说的好。原因可能是孩子有些字不会写，表达有障碍；也许是从口头语转化成书面语时思路混乱，不愿意多写。

二、看图写话教学的有效策略

学生的学习问题往往折射出我们老师的教学问题，从以上现象可以看出老师在"观察方法"和"表达技能"方面对学生训练不到位。另外，还有一个重要原因就是老师选择的图画可能不合适。所以，要提高看图写话的教学效果，不仅要加强"观察方法"和"表达技能"的训练，同时还要合理选择教学资源。老师们可以从以下两方面来尝试。

第一，根据目标选择图片。

在看图写话教学中，我们经常使用的材料包括图画和照片，合称为图片。根据图片的内容、构图和数量，我们一般可以把它分成几类：（1）按图片内容可以分成写实类图片和想象类图片；（2）按图片构图可以分成无背景图和有背景图；（3）按图片数量可以分成单幅图和多幅图；（4）按图片的角色数量可以分成单角色图片和多角色图片。在教学中，一般老师们对图片的选择比较随意，不太考虑图片内容是否贴近学生的生活，学生是否感兴趣，图片本身是否清晰等。因此，在选择图片的时候我们要注意两点。

（1）根据年级特点合理选择图片。不同年级有不同的写作要求，并不是所有图片都适合用于低年级写话教学，应根据要求来选择图片。比如：一年级看图写话选择无背景或背景简单的图片为宜；二年级看图写话可以选择多幅图和背景比较复杂的图片。低年段看图写话一般不选择漫画。

（2）根据教学目的合理选择图片。如果要进行童话写作训练，应该选择以动物为主角的情境图片为宜；如果要学习动植物的描写方法，选择高清的写真照片更合适。

第二，分类指导观察与表达。

我们用于写话教学的图片丰富多样，有写实的也有想象的；有漫画也有照片；有单角色图片也有多角色图片。在低年段写话教学中，我们可以分成两类进行观察指导和表达训练。

（1）单幅图画观察与表达。

观察无背景图时，只要能从整体上分清楚图画中的人或事物，看明白

"什么东西怎么样"或"谁在干什么"就可以。但如果是观察有背景图，就要按以下要求来指导：

①分清主角和背景。从一年级看图说话开始，要指导学生分清图画中的主角和背景，能抓住图片的重点来表达。

②从整体到部分，合理展开想象。当学生进入二年级后，我们要指导学生学会从整体到部分的观察方法，要求学生关注到图片中的主角在干什么，当时的时间、地点和环境等是怎样的，并且在观察的基础上展开想象，想象人物当时是怎么做的，怎么说的，还会想什么等细节。

③根据图片内容"推前想后"。当学生进入二年级下学期后，我们可以指导学生分段写话。因此，在观察图画的时候，可以让学生根据图画内容进行"推前"——想象事情发生的原因；再根据画面来"想后"——推测事情发展的结果。这样，可以让学生顺利过渡到三年级的写作学习。

（2）多幅图画观察与表达。

学生进入二年级后可以使用多幅图作为写话教材，同时进行分段写话训练。在指导学生观察多幅图的时候，要注意以下几点：

①理清顺序，关注重点。学生要根据图画内容分清事情发生的前后顺序，能按事情发展的顺序来表达。同时要确定重点内容，注意观察重点画面，在观察的基础上展开想象，把画面写具体。

②分段表达，注意过渡。按照图画的顺序来分段表达，并注意多幅图写话的连贯性。

另外，在做看图写话作业设计时还要注意两点：一是写作提示要具体明确。不是只给出"图画上有谁？在哪里？干什么？"这样简单的问题。二是要做到面向全体学生。在设计看图写话作业单的时候，要全面考虑每个孩子的能力，写作稿纸的空格要充足，否则会导致写作能力强的孩子原本可以写得更生动具体，却因为格子不够而写得简单。

总之，在看图写话教学时，教师不仅要合理选择教学资源，更要指导学生"抓住重点，展开想象"，进行有序观察和表达。

深圳市龙岗区教师发展中心　龙咏梅

一、分级目标

一年级上学期

1. 以无背景图片作为看图写话素材，能写出简单的二要素、三要素句。

2. 看懂图画内容并能分辨主角与背景。

3. 根据图画内容，用不同的句式来表达。

一年级下学期

1. 能分清主角与背景，按"从整体到部分"的方法观察图画。

2. 根据图画展开想象，能用几句话把画面写清楚。

二年级上学期

1. 根据图画内容"推前想后"，创编简单而完整的故事。

2. 根据画面展开想象，尝试描写人物语言和动作。

3. 分段表述，用一两段话把故事写完整、写清楚。

二年级下学期

1. 按一定顺序观察"连环图"，根据图画内容写一个结构完整的故事；根据画面想象并描写人物语言和动作；分段表述并注意前后连贯。

2. 用"推前想后法"观察多角色情景图，根据图画创编结构完整、内容比较具体的故事。

二、教学示意图

写作提示：你能分别用上"？""！""。""，"这四种标点符号写一个句子吗？

1.＿＿＿＿＿＿＿＿＿＿＿＿＿？

2.＿＿＿＿＿＿＿＿＿＿＿＿＿。

3.＿＿＿＿＿＿＿＿＿＿＿＿＿！

4.＿＿＿＿＿，＿＿＿＿＿（。？！）

图1　一年级看图写句子（无背景图）

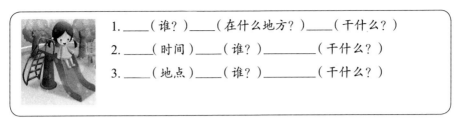

图2　一年级看图写句子（有背景图）

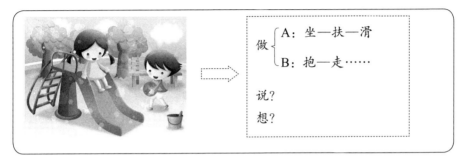

图3　二年级看图写一两段话（多角色背景图）

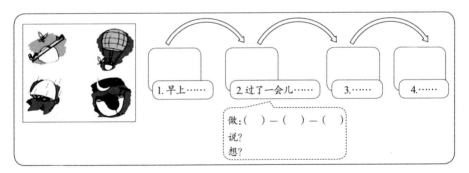

图4　二年级看图编故事（多幅连环图）

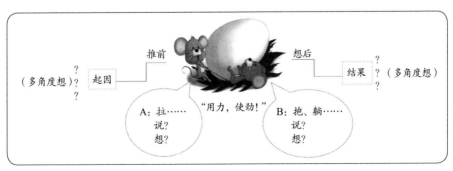

图5　二年级看图编故事（单幅情景图）

第 14 课　看图写句子

——《放风筝》教学案例

深圳市龙岗区平安里学校　胡倩

【教学内容】 补充教材《放风筝》

【教学目标】

（1）观察图画，用"谁，在什么地方，干什么"的句型写清楚图画的主要内容。

（2）尝试写出图画中人物的心情。

（3）写话时能合理使用标点符号，做到书写正确。

【教学重难点】 用一两句话写清楚图画的主要内容，并尝试用上不同的标点符号。

【适用年级】 一年级下学期

【教学准备】 微课、作业单

【教学时长】 40 分钟

【教学流程】

一、播放微课，引话题

师：小朋友们好，欢迎来到胡老师的写话课堂。之前我们进行了一系列的书写训练，认识了标点符号朋友：问号、叹号、句号和逗号。你们还记得它们的样子和用法吗？它们可是我们学习的好帮手。今天，我们要带上它们一起来看图写话。

二、观察图画，说句子

教师引导观察：小朋友，看一看这幅图，你从图画上看见了谁？他们在什么地方？干什么呢？他们玩得怎么样啊？谁愿意来说一说？

生：我看到了两个小朋友在放风筝。

生：天气晴朗，两个小朋友在草地上放风筝。

生：风筝飞得真高，他们玩得好开心呀！

师：你有什么不同的发现吗？能说得跟别人不一样吗？

[设计意图：播到此处应暂停微课，引导学生观察图片后，用"谁，在什么地方，干什么"的句型说清楚图画表达的主要意思。学生可能会给两个孩子各起一个名字，也可能说"小女孩放的是金鱼风筝，小男孩放的是蜻蜓风筝"，还有可能描述小鸟、小狗、花朵、树等，评价时要以鼓励为主，肯定学生观察细致，表达丰富。但如果学生完全没有说到"放风筝"这个主要意思，可引导学生先说出图画的重点内容，强化"谁，在什么地方，干什么"这个句型，再说其他的。]

三、由说到写，明要求

继续播放微课。

师：小朋友们说得真精彩！如果把你们说的话写下来，会是什么样子呢？

出示例句：两个小朋友在草地上放风筝。

师：看，这是悠悠小朋友写的句子，我们来读一读。

学生读句子。

教师点评：老师认为悠悠把这个句子写清楚了，而且还用上了句号，所以老师要奖励他三颗星。

教师引导学生观察书写格式。

师：小朋友们，看看上面的句子，你们还有什么发现吗？

生：第一行开头两格没写字。

师：对了，看图写话时在第一行开始的时候要空两格哦！我们再来看看这个句子。

出示例句：两个小朋友在草地上放风筝。他们玩得真开心！

师：你瞧，第二个小朋友不但写清楚了"谁，在什么地方，干什么"，还写了"他们玩得怎么样"。他写了两个句子，还用上了句号和叹号。所以呀，老师要奖励他四颗星。

[设计意图：两次评价均从句型"谁，在什么地方，干什么"和标点符号的使用两方面强调，并通过在例句上批注的方法让学生直观感受到：写话时开头要空两格，为下一步的写话明确要求。]

师：现在，请小朋友拿出写话本，把你看到的、想到的写下来。不会写的字可以用拼音代替哦！如果你也能写清楚句子，还能用上不同的词语，跟别人写得不一样，老师会奖励给你四颗星或者五颗星。要记得，看图写话时在第一行开始的时候要空两格哦！

[设计意图：此处暂停微课，学生练写，教师巡视，个别指导，并鼓励学生个性化的表达。因是一年级孩子第一次写话，所以用时会稍长，要求也不用过高。能用上"谁，在什么地方，干什么"的基本句型，用一两句话写清楚即达到保底要求。]

四、课堂小结

师：最后，我们总结一下今天学习的内容。看图写话时，我们可以用一两句话写清楚谁，在什么地方，干什么。记得开头要空两格，句子里要加上合适的标点符号哦！

附

作业单设计

> 周末到了，天气真好，正是放风筝的好时候。亲爱的小朋友，你一定也放过风筝吧？请先认真观察图画，按照老师的指引，说一说你看到了些什么，然后拿起笔，把你看到的画面写下来吧。

一、说一说

你从图画上看见了谁？他们在什么地方？干什么？他们玩得怎么样？

例1：两个小朋友在草地上放风筝。（★★★）

如果能和上面的例句写得不一样，可以得五颗星！

二、写一写

你能用一两句话把你看到的和想到的写下来吗？开头要空两格哦！

学生习作

放风筝

深圳市龙岗区平安里学校一（8）班　张熙柔

　　春天来了，天气晴朗，小明和青青在公园的草地上比赛放风筝。他们跑呀，跳呀，风筝一会儿高，一会儿低，引来了小鸟欢叫，小狗跳。他们玩得可真开心呀！

　　教师点评：熙柔同学不仅用"谁，在什么地方，干什么"的句子写清楚了图画的主要内容，还观察到了小鸟和小狗的动作，并结合自己的生活实际在脑海中想象出风筝时高时低的画面，真了不起！标点符号的使用也很恰当。

第15课　看图写语言

——《学写人物语言》教学案例

深圳市龙岗区兰著学校　马月红

【教学内容】补充教材看图写话《学写人物语言》

【教学目标】

（1）能正确书写冒号和双引号，并在人物语言描写中运用。

（2）掌握语言描写的一般格式。

【教学重难点】掌握语言描写的一般格式。

【适用年级】二年级上学期

【教学准备】作业纸、课件

【教学时长】40分钟

【教学流程】

一、创设情境，激发兴趣

（1）播放动画。（观看有趣的蔬果动画）

师：同学们，看了这个有趣的动画，是不是被动画中有趣的蔬菜、水果萌化了呢？老师想考考你们，敢不敢接受老师的考验？

生：敢。

师：老师想考考你们的记忆力，有谁还记得最后一张是什么？

生：西瓜说再见。

师：你们能把刚才西瓜说的话写下来吗？时间1分钟。

（2）学生试写。

（3）展示学生写话，点评。

（4）揭题，板书：学写人物语言。

[设计意图：情境的创设不是为了课堂上的热闹，它与新知的传授、后续的学习有着密切的关联，是课堂伊始的一根线头，后面的内容由它开始。此处

的水果动画很自然地引出了今天的学习内容，有激趣之实效。]

二、初次体验，发现问题

师：同学们，马老师刚才让你们写句子，只是一个小小的考验。注意！第二次考验来啦！

（1）听老师说句子。

师：今天天气真不错哦！请同学们写下这句话。时间还是1分钟。

（2）学生练写句子。

（3）投影出示学生练习。

今天天气真好啊

今天天气真好啊！

马老师说，今天天气真好啊！

（4）师生交流。

师：上面的句子对不对呢？如果不对，是哪里错了呢？

生：第一句话错得很明显哦，说完一句话应该打个句号。

生：我觉得第二句话也不对，因为这样写就看不出来是谁说的这句话了。

生：我看了看，觉得第三句话没有错误，最后有叹号啊，前面还有"马老师说"。

生：我认为第三句话不对，因为没有用上冒号与双引号。

......

师：同学们都有一双会发现的眼睛，能够发现原来我们的句子里有这么多的小问题。现在，我们一起来改掉这些毛病吧！

（5）学生修改句子。

[设计意图：学生初次尝试写人物语言，教师发现其中存在的问题，对整体学情有初步的了解，便于及时调整教学内容与进度。]

三、学习新知，尝试运用

师：同学们，我们刚才一起发现了句子中的问题，并且把错误改正了。可是，怎样才能把这些标点牢牢记住呢？请同学们拿出纸和笔，和老师一起认真抄写吧。

（1）师生同步抄写：完成作业单第一题。（书写冒号、前引号、后引号时要特别强调书写格式）

（2）认识这句话中各部分名称（见板书）。

（3）点评小结。

师：同学们，通过刚才两次写句子，我发现，很多同学已经能正确地书写冒号、前引号和后引号。老师悄悄告诉大家，前引号和后引号是一对双胞胎，它们要时时在一起，不能分开哦！掌握了这些，我们就能把提示语写得棒棒的！我们来试试吧！

［设计意图：抄写环节，让学生在跟随教师抄写的过程中加深对人物语言描写的格式——冒号和双引号书写格式的认识，为正确运用作铺垫。］

四、及时反馈，评价强化

师：请根据我出示的内容，想一想：你看到了什么？可能发生了什么事？他们在说什么呢？把你想到的写下来吧，限时两分钟。（出示图片，见"作业单"第一幅图）

（1）学生写话。

（2）投影展示学生作品，教师点评。（对在限定时间内完成写话的同学提出表扬，重点点评人物语言描写格式，特别是冒号、前引号和后引号的用法。）

［设计意图：限时写作的训练要从小做起，让学生养成良好的写作习惯。点评时，教师要针对不同层次的学生作品，始终聚焦目标，让学生在具体的运用与教师评价中强化对新知的感知。］

五、提高难度，巩固运用

师：同学们，我们的课堂如此精彩，香瓜来啦，桔子也来啦，让我们一起猜一猜，他们在一起会发生什么事呢？会说些什么呢？（出示图片，见"作业单"第二幅图）

（1）鼓励更多学生发言，同伴互说，教师巡视，帮助有困难的学生。

（2）学生写话。

（3）投影展示、分享、评议。

（4）学生修改写话。

板书设计

学写人物语言

标点符号

马老师说："今天天气真好啊！"

提示语　　　话语

作业单设计

　　亲爱的孩子，《学写人物语言》这节课，你听明白了吗？学会了吗？来，拿起笔，让我们用刚才学到的知识，一起来完成下面的练习吧！

一、我能试一试（★★★）

		马	老	师	说						

二、我会自己写（★★★★）

《小破孩办公室系列》

提示：看看图上老师说了什么，丁丁说了什么。

上课十分钟后，丁丁出现在教室门口。老师＿＿＿＿＿＿＿＿＿

＿＿＿＿＿＿＿＿＿＿＿＿＿＿＿＿＿＿＿＿＿＿＿＿＿＿＿＿＿

＿＿＿＿＿＿＿＿＿＿＿＿＿＿＿＿＿＿＿＿＿＿＿＿＿＿＿＿＿

三、编个小故事（★★★★★）

　　提示：图上这两位是谁？他们会在什么地方呢？他们是在讨论什么问题吗？还是在商量什么事？或者是在为什么而争吵？……

学生习作

迟 到

深圳市龙岗区兰著学校二（1）班　赖彦羽

上课十分钟后，丁丁出现在教室门口。老师知道丁丁又迟到了，气得满脸通红，愤怒地说："丁丁，你今天怎么又迟到了呢？"丁丁不好意思地说："老师，对不起，是闹钟没有叫我！"原来，丁丁的闹钟坏了。看到丁丁认错的样子，老师不再生气了，对丁丁说："以后要准时上学，知道吗？"丁丁点点头说："老师，我以后不会迟到了。"

香瓜和橙子

深圳市龙岗区兰著学校二（1）班　赖彦羽

星期天早上，晴空万里。橙子弟弟和香瓜哥哥在餐桌上相遇了。他们看了看对方，都笑了。

橙子弟弟说："香瓜哥哥，你是从哪里来的？"香瓜哥哥回答："橙子弟弟，我是从果园里来的。你呢？"橙子弟弟说："我从遥远的山里来的。"

香瓜哥哥骄傲地说："我个头大，吃起来香香的，主人一定会更喜欢我。"橙子弟弟也不甘示弱，说："虽然我个子小，但我的味道甜甜的，小主人一定爱吃甜甜的橙子。"他们互不相让，都觉得小主人更喜欢自己。

就在他们争吵时，小主人放学回家了，他蹦蹦跳跳地跑过来说："香瓜香，橙子甜，我都爱吃！"

听了小主人的话，香瓜和橙子明白了：原来做自己才是最好的。

教师点评：以上两篇都是彦羽同学的作品。

第一次小练笔时，彦羽通过人物神态写出了人物当时的心情，并且能在观察图画内容的基础上大胆想象，写出跟图片不同的理由（人物语言）。

第二次写话时，彦羽同学认真观察图片，大胆展开想象，将看到的想到的写成了一个有趣的故事，并在第一次写话的基础上分段表达，写出生动活泼的人物对话，正确使用冒号与双引号，值得表扬。

第16课　看图写对话

——《飞天小猪》教学案例

深圳市龙岗区千林山小学　肖华

【**教学内容**】补充教材看图写话《飞天小猪》

【**教学目标**】

（1）通过观察图片，进行连词成句、连句成段的表达训练。

（2）能正确运用"？"和"！"两种标点符号。

（3）能根据图画内容展开想象，编写一个小故事。

【**教学重难点**】能够在写话中尝试运用两种不同的句式，且格式正确。

【**适用年级**】二年级上学期

【**教学准备**】课件、作业单

【**教学时长**】40 分钟

【**教学流程**】

一、创设写作情境，动起来

（1）师生互动，表演《可爱的小猪》。

师：孩子们，听出来了吗，歌曲里唱的是什么？

生：可爱的小猪！

师：对了！来，咱们一起动起来，跟着老师一起跳！

（2）出示图片，创设情境。

师：今天肖老师想邀请小朋友们和我一起去大草原上走一走，逛一逛。我们不仅能欣赏到美丽的景色，最重要的是我们还会认识一群可爱的小猪。大家请看，他们来了！

二、导入写作课堂，说起来

（1）继续观察，揭示课题。

师：这么有趣的图片，如果把它编成一个故事，那一定更有意思啦！这节课，就让我们围绕这幅图来编故事吧！

（2）看图说词语。

师：现在，我们按从上到下的顺序来看图，从图上，你看到了哪些景物？

（3）根据学生的回答板书：天空、草地、小猪。

师：我们再来观察图画，你看见了怎样的天空和草地？小猪是怎样的呢？想一想，填写作业单第一题。

（4）接着板书。

（　　　）的天空　（　　　）的草地　（　　　）的小猪

师：谁能试着用一个词语来说一说天空是怎样的？

生：蓝蓝的天空。

师：你发现了天空的颜色，观察很仔细。其他同学呢？

生：一望无际的天空。

师：真厉害，还会使用成语，说出了天空的广阔！按顺序往下看，你还看到了什么？

生：碧绿的草地。

师：有谁能说得不一样？

生：一大片碧绿的草地。

师：真棒！一起看看这几只小猪，你想到了哪些词语？

生：白白胖胖、圆滚滚、可爱……

师：这些词语都形象地说出了小猪的特点，用词很准确。肖老师发现你们能根据观察说出"天空"和"草地"的特点，相信接下来的表现会更加精彩哟！

[设计意图：此环节引导学生分清画面主角与背景，看懂画面内容。教师可以利用此时的师生互动，适时引导学生展开想象，并用丰富的形容词来表达。]

（5）连词成句。

师：我们刚才一起观察了图片，用词语形容了图上的几种主要景物。接下来，我们能不能把这些词语连起来变成一个句子呢？

（6）出示提示：选用 1～2 个词语来连词成句。

师：我们可以这样想：图上画的是什么地方？谁？在干什么或者怎么样？肖老师先说一个简单的句子：在（辽阔的）草地上，生活着一群快乐的小猪。谁来和肖老师 PK，比一比谁的句子说得更好？

生：（蓝蓝的）天空下是（无边无际的）草原，一群可爱的小猪在那里玩耍。

生：（蓝蓝的）天空下，一大片（碧绿的）草地就像绿色的被子。一群（可爱的）小猪在那里开心地玩耍。它们（又白又胖），好可爱呀！

……

师：你们的句子各有特点，都按照从上到下的顺序，说出了画面上的主要内容，语言表达也很生动，为大家点赞！

[设计意图：在本环节的师生互动中，教师要关注学生的每一次汇报，引导学生尽可能用上一环节积累的形容词，丰富表达。特别值得强调的一点是，当有的学生能够变换语序，用一些特殊的句式进行表达时，教师要善于捕捉，即时点评，引导其他学生模仿学习，提高学生的语言表达能力，突破本次学习的重难点。]

三、创编故事开头，写起来

（1）指导学生完成第一段写话练习。

师：现在我们准备把故事的开头写下来哟，还记得你刚才连词成句的内容吗？赶紧在心里默默连起来再说一遍。写的时候我们要注意，第一自然段开头要空两格，请大家抬头看课件模板（出示课件）。

（2）教师巡视，分别指导。

教师在巡视过程中，提醒学生不会写的字用拼音或者简单的符号代替，也可直接跳过，保证学生表达时思维流畅。

（3）利用展示台进行作业点评。

［设计意图：教师的即时点评对学生有着积极的激励作用。在点评环节，教师要善于发现学生的闪光点，可以利用简笔画、小印章、简短的鼓励词语，对学生的闪光点进行"圈点批画"，同时也可以适当地指出一些有代表性的问题，比如书写格式、标点符号的运用等。］

四、大胆发挥想象，猜起来

（1）继续观察，引导想象。

师：猜一猜，后来发生什么事了吗？

生：小猪乘着气球飞上天啦！

师：小猪会说什么呢？

生：小猪说："今天我好开心。"

师：孩子们，天上的小猪说了好几句话，其中一句有叹号，另一句有问号，猜一猜，他说了什么呢？

生：天上的小猪说："哇，我飞得好高啊！可是等会儿我怎么才能下去呢？"

生：他会说："不得了啦，我这是怎么啦？怎么到天上来了？爸爸妈妈一定会担心找不到我的！"

生：我好想哭啊！我怎么才可以回家呢？

师：同学们的想象真有意思，比肖老师厉害多了！

师：地上的小猪也说了几句话，其中一句也有叹号，另一句也有问号，猜一猜，他说了什么？

生：地上的小猪说："哇，你飞上天啦！你怎么会在一个气球里啊？"

生：他会说："等会儿上学你是不是要迟到啦？赶紧下来呀！"

师：同学们说得太有趣了！给大家点赞。

（2）同桌练习说一说。

［设计意图：通过图画来创设表达情境，并设计了运用感叹句和疑问句两种句式进行表达。学生在表达中正确运用"？"和"！"，达成本次学习目标。］

五、看图写故事，连起来

师：刚才，同学们说得太有意思了！现在，请你们将刚才想到的、说到的句子在心里连一连，完成作业单第二题。本题有两种难度，分别是三星级和五星级，你想挑战哪个级别呢？试一试吧。

（1）学生自由写作，教师巡视。

（2）展示学生作品，师生点评。

（3）给自己的作品加个题目。

师：孩子们，故事写到这儿，你们想给故事起个什么名字呢？

生：飞上天的小猪。

生：可怕的一幕。

……

[设计意图：40分钟的学习，此时是学生第二次动笔完成写话。教师只需讲明写话要求，限制时间即可，其他不做过多干涉。给故事取题目时，只要学生能契合图画意思，教师都应该予以肯定和赞赏。]

板书设计

> 飞天小猪
> （蓝蓝）的天空 （　　）的草地 （　　）的小猪

作业单设计

> 小朋友，你相信小猪能飞上天吗？这一定是个有趣的故事，如果你能把故事写下来并与别人分享，你就是了不起的星级小作家了！现在，请跟着老师一起来完成下面的任务吧！
>
> **一、我会填**
>
> （　　）的天空 （　　）的草地 （　　）的小猪

二、我会写（二选一）

1. 能跟着老师完成写话，你就是三星级小作家。

在蓝蓝的天空下，＿＿＿＿＿＿＿＿＿＿＿＿＿＿＿＿＿＿。

天上的小猪说："＿＿＿＿＿＿＿＿＿＿＿＿＿＿＿＿＿＿"

接着又说："＿＿＿＿＿＿＿＿＿＿＿＿＿＿＿＿＿＿＿"

地上的小猪说："＿＿＿＿＿＿＿＿＿＿＿＿＿＿＿＿＿

＿＿＿＿＿＿＿＿＿＿＿＿＿＿＿＿＿＿＿＿＿＿＿＿"

2. 你能写出和别人不一样的故事吗？如果能，你就是五星级小作家！

学生习作

飞天小猪

深圳市龙岗区千林山小学二（2）班　余晓川

一朵又一朵的白云就像小狗，像小猫，它们在蓝蓝的天空上做游戏。

草地上，有三只白白胖胖的小猪。一只小猪忽然说："哇！那只猪怎么飞到天上去啦？等会他怎么下来呢？"泡泡里的小猪说："我打了一个喷嚏，吹出一个鼻涕泡儿，就飞起来啦！如果我要下来怎么办呢？"就这样，泡泡里的小猪越飞越远。

> **教师点评**：晓川同学能仔细观察图片，并根据图画内容编写了一个有趣的小故事。晓川的语言表达流畅，并在写话时正确运用了"！"和"？"，同时还用了不少生动的词语，比如：用了"哇"这样的语气词，还用了"鼻涕泡儿"这样有趣的词语。真是一篇优秀的作品！

第 17 课　看图写故事

——《猫和老鼠》教学案例

深圳市龙岗区千林山小学　肖华

【**教学内容**】统编教材二年级上册第七单元看图写话《猫和老鼠》

【**教学目标**】

（1）运用"推前想后法"来推测故事情节，尝试分段表述。

（2）关注画面中人物的表情、动作等，并借助关键词来"连词成句"。

【**教学重难点**】运用"推前想后法"合理推测故事情节，借助关键词来"连词成句"，并尝试分段表述。

【**适用年级**】二年级上学期

【**教学准备**】课件、作业单

【**教学时长**】40 分钟

【**教学流程**】

一、谈话导入，激发兴趣

观察教材插图中的小老鼠，引导说话。

师：孩子们，看到这只小老鼠，你们脑子里会蹦出什么词？

生：惊慌。

生：害怕。

生：哭泣、流泪。

师：同学们观察得很仔细，很快就发现这只小老鼠的脸上显露出特别惊慌的表情。大家继续猜猜，这可能是因为什么呢？

生：有一只猫要吃了他。

生：他被妈妈批评了。

……

师：大家的想象力真丰富，让我们一起来揭晓谜底。

[设计意图：图画中只有一只小老鼠和电脑里的猫，无其他背景，因此可以省略分辨主次的观察训练。加之小老鼠形象生动，很有吸引力，教师可直接引入观察，不过多赘述。]

二、揭示课题，观察图画

继续观察图片电脑屏幕上的猫。

师：孩子们，认真观察这只猫，你们想到了什么？说一说你们的感受。

生：我看到小猫在电脑里。

师：小猫为什么会在电脑里呢？

生：他本来就生活在里面。

师：你的想象我也很赞同。还有其他同学有新发现吗？

生：我看到小猫的眼睛瞪得又圆又大。

师：那你想想，为什么小猫的眼睛瞪得又圆又大呢？

生：他看到了小老鼠，想吃了他。

师：我也赞同你的想象，我们继续，谁还有新发现？

生：我看到小猫的牙齿，我猜……

师：让我们大胆想一想，猫此刻心里在想什么？他又准备做什么呢？

[设计意图：虽然学生的想象天马行空，但是在课堂上却很容易被其他同学的回答以及老师的点评所牵引。因此，老师在鼓励学生积极表达的同时，要引导学生表达不同的发现，当老师捕捉到学生的精彩回答时，最好用简短的语句记录在黑板一角，以作备用。]

三、仔细看图，引导"推前"

（1）引导"推前"：指导学生根据画面内容推想故事发生的原因。

师：让我们再看这幅图，电脑屏幕里怎么会有一只猫？电脑是谁打开的？

生：主人打开的。

生：小老鼠打开的。

师：从图上，我们能看到小主人或者小老鼠打开了电脑吗？

生：不能。

师：那我们该怎么办呢？

生：我们可以想象。

师：怎么想？往哪里想？

生：往这幅图之前想。

师：对啦，这些疑问都发生在这张图之前，所以让我们顺着这张图往前推想。请大家记住这个词——"推前"，老师把"推前"二字写在黑板上。

（2）学生"推前"想象故事情节，教师根据汇报板书关键词。

师：同学们，你们想象的情节太有意思了！那让我们试一试，根据老师的板书，把这个故事的"推前"部分写出来，作为这次写话的第一自然段吧。

（3）学生根据板书提示，尝试写"推前"部分，作为故事开头。

（4）出示自然段写作格式，提醒学生用简短的两三句话写故事开头。

（5）汇报展示点评。

[设计意图：本课教学难点是"尝试分段表述"，所以，教师采用"分步写作"的方式来调控课堂节奏。此环节尝试写第一段"推前"，教师须将自然段写作格式以图片形式展示在课件上，易于学生模仿学习，教学过程中教师可以采用"小作家"和"星级作家"等评价形式进行即时点评。教师引导学生想象画面有一定的难度，要及时记录关键词，提供写作线索，让学生能够做到"连词成句，完整表达"。]

四、再次看图，关注细节

（1）引导学生观察猫和小老鼠的表情动作，展开丰富的想象。

师：让我们再次细致观察图里的猫，说说他有哪些动作。

生：瞪着大眼睛。

师：能不能试着把这个句子说长些，更清楚些？

生：电脑里的小猫瞪着大眼睛，好像要从里面冲出来。

师：谁还有新发现？继续补充。

生：小猫露出自己尖尖的牙齿，还发出"喵喵"的声音。

师：厉害，还能想象出小猫的叫声。再看小老鼠，他呢？

生：小老鼠吓得眼泪都流出来了。

师：我觉得你的句子可以再完整点儿。

生：见到猫露出了尖尖的牙齿，小老鼠吓得眼泪都流出来了。

师：真棒，一次比一次有进步！

……

（2）让学生将记录的关键信息写在作业单第一题中，指导学生借助关键词进行表达，连起来说一说。

（3）写"小老鼠遇见猫"的片段。要求：主要部分详写。

（4）习作展示及点评。

［设计意图：此环节主要关注学生是否能够将黑板上记录的关键词连成正确流畅的句子。在师生互动中，教师要关注的是引导学生用不一样的句式来表达，鼓励学生在句式和用词上有自己的特色。］

五、学法运用，引导"想后"

（1）引导学生推测故事的结果。

师：故事到这儿，我们可以想一想，小老鼠最后怎么样了？

生：小老鼠被猫吃掉了。

生：小老鼠逃脱了。

生：小猫被关在电脑里，出不来，只能看着小老鼠跑了。

……

师：同学们想的都很精彩，为这个故事画下一个圆满的句号。可是肖老师好奇的是，你们的这些结果从图上能看得出来吗？

生：不能。

师：谁来说说？我们可以怎样想出故事的结果呢？

生：因为图上只有两只小动物，我们不知道后来发生了什么？就和刚才学的"推前"一样，我们要顺着图画去想。

师：往哪里想？

生：虽然看不出来，但我们可以顺着这幅图往后想一想。

师：真是会思考、会学习的好孩子！能从"推前"找到学习方法。

（2）根据"想后"写结尾。

（3）点评学生习作。

六、小结学法，尝试运用

（1）出示图画《星空下的小龟》引导学生仔细观察。

（2）根据图进行"推前"与"想后"。

（3）连起来说一说。

[设计意图：这是一次口头练习，引导学生根据图画《星空下的小龟》展开想象，活学活用"推前想后法"，以讲代练，巩固学法。]

七、作业

（1）将今天的故事结尾补充完整，再加个自己喜欢的题目。

（2）还可以用自己喜欢的其他方式来完成这个故事（四格漫画、演一演、讲一讲）。

板书设计

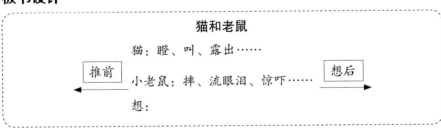

作业单设计

小朋友,《猫和老鼠》是一幅特别有趣的图画,你一定很好奇这只猫怎么会出现在电脑屏幕中,把小老鼠吓坏了! 他们之间发生了什么事呢? 你能根据这幅图创编出一个有趣的故事,并读给身边的其他小朋友听吗? 加油哦!

一、我会填(★★)

猫:(　)(　)(　)……

←推前　　想后→

小老鼠:(　)(　)……

二、我会写(★★★★★)

学生习作

老鼠遇见猫

深圳市龙岗区千林山小学二（3）班　余若菡

小老鼠在书桌上想偷点儿食物吃。可是一不小心，触碰到电脑开关，把电脑打开了。

"喵——喵——"，电脑里出现一只瞪着大眼睛的小猫，好像要从电脑里冲出来。这下小老鼠吓坏了，眼泪都要掉下来了。心想：这次可要被吃掉了。

后来小老鼠发现小猫在电脑里出不来，他一下子又高兴起来啦！

教师点评：余若菡小朋友通过自己的细致观察，用生动的语言描述图中两个小动物的动作、神态，并且还能发挥想象，写出小老鼠的心理活动，很精彩。本课的训练点"推前想后"难度比较大，但若菡小朋友能分段表述，而且语言表达流畅、完整，她已经比较好地掌握了这个知识点。

第18课　看图写童话

——《快乐的一天》教学案例

深圳市龙岗区康艺学校　詹艳玲

【教学内容】统编教材二年级下册第四单元看图写话《快乐的一天》

【教学目标】

（1）学会观察多幅图画，能根据图画细节，合理排列图画顺序。

（2）学习有序表达，根据图画上的内容发挥想象，能用上表示时间顺序的词语编写故事。

【教学重点】掌握按照时间顺序观察多幅连环图画的方法。

【教学难点】围绕多个故事情节有序表达。

【适用年级】二年级下学期

【教学准备】课件、作业单

【教学时长】40～60分钟

【教学流程】

一、谈话导入，引发兴趣

（1）出示图画（图片可选择一张鸡蛋壳照片），趣问引题。

师：同学们，你们见过鸡蛋壳吗？鸡蛋壳可以用来做什么呢？

生：见过，它可以用来做肥料。

……

（2）出示书中动物图，补充过渡。

师：其实鸡蛋壳的作用还挺多的呢。你们看，小朋友把它当作自己的画板，在上面画出了一幅幅图画。有意思吧！有几个动物朋友在草地上捡到了一个鸡蛋壳，你们认识这几个动物朋友吗？

[设计意图：兴趣是最好的老师。通过有趣的问题导入课题，引发学生"说"的兴趣。]

二、指导看图，创编故事

师：猜一猜，他们会拿着这只鸡蛋壳干什么呢？

学生观察图片，教师引导说话。

生：他们用来当作跷跷板了，还用来在天空中飞翔了，用来躲雨，还用来当作床睡觉。

师：这几只小动物真有趣，围着这只鸡蛋壳发生了这么多有趣的事情。那我们来玩一个故事接龙的游戏吧！先来看看故事接龙的规则是什么。请大家来读一读。

生：（齐读）故事顺序由你来决定，注意合理安排故事的前后顺序。

[设计意图：这是二年级下册第四单元"语文园地"里的一次写话练习，在上学期看单幅图写话的基础上，本次写话增加了难度，进阶为看多幅图写话。运用"故事接龙"的方式巧妙引导学生说说故事发展的顺序，学生对此不陌生，且饶有兴趣。]

三、聚焦画面，发挥想象

（1）学生观察四幅图。

师：你们准备把哪一幅图作为故事的开头呢？

生：我想把第一幅图作为开头。

生：我也是。

（2）引导学生观察画面，想象主要角色的动作、语言。

师：你从图画上看到了谁？他们在什么地方？干什么呢？他们玩得怎么样？谁愿意说一说？

生：小虫子和蚂蚁把鸡蛋壳当作基石，做成了跷跷板，在玩跷跷板游戏。

师：他们还会说些什么、做些什么呢？比如蝴蝶会说些什么呢？

生：我觉得他会给毛毛虫喊加油："毛毛虫加油！毛毛虫加油！"

生：我发现毛毛虫一用力，蚂蚁就被翘得老高，然后蚂蚁吓得直叫："毛毛虫，别翘得那么高，我恐高，我害怕！"

生：我发现他们玩得很开心，笑声把旁边的蝴蝶都吸引过来了。

[设计意图：聚焦画面，通过观察画面，引导学生运用合适的动词把小动物们搭跷跷板的画面说具体，通过想象，给人物加上语言，让图画动起来，活

起来。同时，不断鼓励学生打开思路，创新思维。]

四、发散思维，个性表达

师：同学们的想象力可真丰富！看来你们都没有忘记我们的写话小妙招。我们一起再来复习一下吧。

生：（齐读）写一写周围的环境；想一想人物的语言和动作；说一说和别人不一样的发现。

（1）把第二幅图作为故事开头。

师：刚才这位同学把第一幅图作为自己故事的开头，那有同学准备把第二幅图作为故事的开头吗？

生：有。

师：那你能讲一讲你的故事开头吗？

生：小虫和蚂蚁把蛋壳当作热气球，在天空飞翔。小蝴蝶在给他们带路。他们从东边飞到西边，从西边飞到东边，玩得可开心了。

（2）把第三幅图作为故事开头。

师：有同学把第三幅图作为故事的开头吗？

生：老师，我是这样安排的。蚂蚁、小虫和蝴蝶把蛋壳当作避雨的小房子，在里面躲雨呢。

（3）把第四幅图作为故事开头。

师：有同学准备把第四幅图作为自己故事的开头吗？没有吗？为什么不这样安排呢？

生：因为第四幅图上有一个月亮，应该到了晚上，按照我们故事接龙的规则，有点不合理。

[设计意图：本环节的设置旨在在上一环节聚焦想象画面的基础上，引导学生要注意时间顺序安排的逻辑性，同时又突破了固定用一幅图开头的表达模式，创设更自由的表达情境。]

五、理清顺序，有序表达

师：刚才我们一起给我们的故事开了个头，接下来你准备怎么安排你的故事顺序呢？请把你的故事顺序写在作业单上。

（1）学生按要求填写作业单。

（2）学生交流。

师：谁来分享一下，并试着说说你这么安排的原因？

生：我的故事顺序是，玩跷跷板，在空中飞翔，躲雨，最后睡觉了。我这样安排的原因是：他们玩跷跷板时玩累了就想去空中看看美景，突然下起了大雨，他们就把鸡蛋壳当作雨伞来挡雨，最后他们玩累了就去睡觉了。

生：我的故事顺序是在空中飞翔，玩跷跷板，躲雨，最后睡觉了。原因是他们在空中飞翔，突然刮起了大风，就连忙停止了飞行，在草地上玩跷跷板，然后下起了大雨就去躲雨，最后天黑了他们就去睡觉了。

生：我的故事顺序是躲雨，空中飞翔，玩跷跷板，最后睡觉了。我这样安排的原因是他们在草地上玩，突然下起了大雨，然后看见雨停了，空中出现了一道美丽的彩虹，就把蛋壳当作飞船去看彩虹，彩虹不见了，他们就在草地上玩跷跷板，最后天黑了他们就去睡觉了。

师：同学们的想象力可真丰富，安排也很合理，还说出了自己这样安排的原因。真棒！

（3）出示表示时间的词语。

师：同学们，现在我们要把这些小故事串起来，下面的这些词语或许可以帮助你们哦！这些词语都是表示什么的呢？

早上　过了一会儿　到了下午　天黑了

生：都是表示时间的。

生：这四个词语表示了一天的时间。

师：同学们，你们还想到了哪些表示时间顺序的词语呢？

生：今天、明天、后天。

生：上午、下午、晚上。

生：去年、今年。

师：这些都是表示时间的词语，不同的时间单位表达形式也不一样，但要按一定顺序来表达。看来同学们已经把这个故事在脑子里编好了，那现在请你们用手中的笔把三位小伙伴这一天的经历写下来吧。

［设计意图：引导学生建立自己的表达顺序，并在课本提示词的基础上，拓展学生的积累，感受表示时间顺序词语的多样化。同时小结学习要点：时间顺序的安排要注意连续性和逻辑性。］

六、分步表达，总结写法

（1）示范。

师：同学们，还记得我们的写话格式吗？这是詹老师的故事的第一自然段："早上，太阳露出了红红的笑脸。小虫子和小蚂蚁从美梦中醒了。"那我的故事是从什么时候开始的呢？

生：早上。

师：你还注意到什么问题了吗？

生：开头空两格。

（2）学生写话，教师巡回指导。

（3）小结写法。

①按照时间顺序写清楚事情的经过。

②仔细观察图片，写一写人物的语言和动作。

（4）写话展示，师生共评。

点评要点：

①按一定顺序用上表示时间的词来写，故事写得完整。（★★）

②写出了小动物们的动作和语言。（★★）

③书写格式正确。（★）

④发挥想象，写得和别人不一样。

[设计意图：通过回顾书写格式和展示评价要点来提醒学生在进行多幅图写话时要注意的地方，鼓励学生发挥想象，有序表达，个性化表达。]

七、拓展延伸，巩固提高

教师总结：这节课我们和三位小伙伴一起经历了四件有趣的事。随着三位小伙伴的经历，我们学会了细心观察，发挥想象；理清顺序，注意过渡。在以后的写话中，我们就带着这节课学会的一些小妙招，把我们创作的故事讲给爸爸妈妈或者自己的小伙伴听吧！

板书设计

早上

过了一会儿

到了下午

天黑了

作业单设计

　　小朋友，小动物们的一天过得可真丰富多彩啊！你们是不是也特别想参与呢？如果你们能完成下面的任务，你们也能变成故事大王哦！

一、我的故事顺序

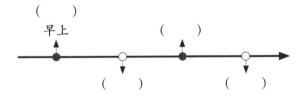

二、我会写故事（★★★★★）

（以下为空白方格稿纸）

学生习作

快乐的一天

深圳市龙岗区康艺学校二（1）班　黄心怡

　　一天早上，毛毛虫、小蚂蚁、小蝴蝶从美梦中醒来了，抬头就看见火红的太阳挂在天空上。

　　他们吃过早餐就去散步，在路边他们看到了一只漂亮的蛋壳。小蚂蚁说："我们可以用这个蛋壳做成热气球带我们去天上散步呢。"毛毛虫说："好啊！"小蝴蝶说："我会飞，我就不坐热气球了，我负责给你们带路。"

　　过了一会儿，热气球就升上了天空。这时突然来了一阵大风，把热气球吹得晃来晃去，他们害怕极了，所以他们打算把蛋壳用来做跷跷板，一起玩跷跷板游戏。

　　小蝴蝶说："我来当裁判，毛毛虫和小蚂蚁你们两个当选手。"毛毛虫很狡猾，他趁小蚂蚁不注意，一使劲把跷跷板翘得高高的，小蚂蚁吓得哇哇叫。最后毛毛虫获得了胜利。

到了下午，天空下起了蒙蒙细雨，他们就把蛋壳当作雨伞，一起躲在蛋壳的下面。

天黑了，他们又把蛋壳当作温暖的小床，还找来一片树叶做被子，小蝴蝶说："今天真是快乐的一天啊！"三个人不一会儿就开心地睡着了。

教师点评：心怡同学想象力真丰富，用优美流畅的语言描述出了三只小动物快乐的一天。在写故事的时候能用上"一天早上""过了一会儿""到了下午"和"天黑了"表示时间顺序的词语，同时，还能把小动物的语言和动作写得生动有趣，真棒！

第19课 看图写童诗

——《小猫的梦想》教学案例

深圳市龙岗区千林山小学 陈昊

【教学内容】补充教材儿童诗创作《小猫的梦想》

【教学目标】

（1）利用思维导图打开思路，并用关键词记录自己的想法。

（2）通过写作提示，借助关键词来表达自己的愿望。

（3）初步了解诗歌的文体格式，尝试创作简单的儿童诗。

【教学重难点】根据诗歌的文体格式来创作儿童诗，能做到连词成句，进行完整、连贯的表达。

【适用年级】二年级上学期

【教学准备】作业单、课件和微视频

【教学时长】40分钟

【教学流程】

一、视频激趣，引入主题

（1）观看视频，激发兴趣。（播放小猫做运动视频）

师：孩子们，视频里的小猫们在干什么？

生：踢足球。

生：当裁判。

生：做拉拉队员。

师：真厉害呀！有没有小朋友的梦想是像小猫一样做运动员的？

生：有！我想做投球手！

生：我喜欢高尔夫！

（2）出示小猫图片，引入主题。

师：多可爱的小猫呀，他也像我们人一样，有自己的梦想呢，来看看我

们今天的主题——小猫的梦想。

[设计意图：观看视频可以调动低年段孩子的学习兴趣，有趣的剧情能吸引他们的注意力，小动物的题材贴近生活，可以激发孩子们的表达欲。通过轻松的对话，引入今天的写话题目，让孩子不知不觉走进本节写话课。]

二、拓展思维，激励想象

（1）出示思维导图，引导想象。

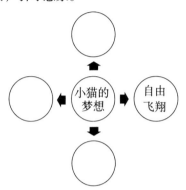

师：作为一只有梦想的小猫，他会有什么梦想呢？如果老师是一只小猫，我会想飞上蓝天，自由飞翔。如果你是小猫，你有什么愿望呢？

生：我想做老师。

生：做运动员。

……

（2）拓展思维，引导学生从不同角度去想象。

师：从事各种职业都很有趣呢！同学们除了这个，还有没有想完成的事呀？比如想去的地方，想要得到某样东西……

生：我想要沙漠里有水。

师：你真是个善良的孩子！

生：我想要在月球上有个家。

师：太棒了！老师也很向往。

生：我还想像鱼儿一样在海洋里自由自在地游泳。

师：这几位同学很有想象力，说得棒极了，老师把他们评为我们班的"想象之星"。还有说得不一样的吗？

（3）学生自由发言，教师板书。（见144页板书）

（4）教师小结。

师：真是一群大梦想家呀！有的"小猫咪"想从事有趣的职业，有的"小猫咪"像人类一样注重环保，有的"小猫咪"志存高远，放眼宇宙。你们真了不起！

[设计意图：在这一步拓展思维中，老师一定要发挥引导的作用，从不同角度去激发孩子对"梦想"的表达。从视频中提到的职业，延伸到孩子自身的经验，再到现实生活中。对学生的表达及时作出鼓励，激发他们的表达欲望。]

三、完成作业，自主读改

（1）根据板书，完成作业单第一题"填一填"。

师：你们看，在"梦想圆圈图"里，老师已经记录了许多不同的想法。接下来，请小朋友们把自己的想法用"关键词"或"短句"的方式填到思维导图里去吧。写得越多，并且能写得与别人不一样，得到的小星星就越多哦！

（2）抽查几份作业单进行点评。

（3）完成作业单第二题"排一排"。

师：小猫最想做的是什么呢？把他最想做的事排在最前面，接着是第二想做的……按这样的顺序来填图。现在我们也来给自己的梦想排排序吧！

（4）学生组内分享交流。

（5）引导学生自主读改。

师：有的同学在交流后有了新的灵感，快快把它记录下来吧！还有心细的同学发现了自己的小错误，现在就是订正的好机会哦！

[设计意图：在以往的写作中，很多孩子往往说得很精彩，下笔时却写得很困难，很多灵感如昙花一现，一琢磨就想不起来了，所以在进行思维拓展后，一定要及时让孩子把自己的想法记录下来。"关键词"和"短句"的长度刚刚好，难度不大也不会打断思路。后面的修改环节，一是给基础较好的孩子提高难度，二是可以为基础较弱的孩子提供借鉴思路，实现分层教学，让每个孩子都有话可写。]

四、层层递进，强化表达

师：孩子们，现在你们已经是半个小诗人了，知道怎么成为一位大诗人吗？其实很简单！

（1）出示范例，引导表达。

师：只要把你们"梦想图"里的短句和关键词变成一段话，你们就是个大诗人啦！老师先来作个示范吧：

> 小猫想要一对翅膀，
>
> 飞上天空，
>
> 和小鸟做朋友，
>
> 看看那美丽的地球。

师：有谁愿意来试一试？

（2）学生自由发言。

生：我想当一名医生，为没钱看病的动物治病，让它们快乐生活。

生：我想用双手摘一束野花，献给亲爱的妈妈，愿妈妈永远快乐！

师：这两位同学表达得很流畅，他们是看着自己的"梦想图"，按照上面的顺序来说的，很有条理。而且每段一句，遵循了诗歌的格式，说得很清楚哦！

师：谁还有不一样的表达吗？

（3）学生自由发言，老师表扬说得精彩的同学。

［设计意图：这一环节主要培养学生连词成句的能力，力求做到根据自己的写作思维导图，完整连贯地说好一句话，锻炼他们的语言表达能力。在此基础上进一步提高要求——从说四行诗到六行诗以上。基础较弱的孩子只要愿意开口，说得流畅就应该予以肯定，大力表扬；基础较好的孩子，则可以鼓励他把句子说得更生动、具体一些。以此实现分层教学，让每一个孩子都愿意开口、乐于开口。］

五、分享与评价

（1）完成儿童诗创编。

（2）作品展示与点评。

师：你们看，这位同学一句话一段，完美遵循了诗歌的格式呢！奖励三颗小星星！我们来看看其他同学的作品。（学生举手发言）你能说说，他写得好在哪里呢？

生：他不仅格式都对了，用词还很生动！

师：你很有眼光！我们要善于发现别人的闪光点，在评价对方时，可以从这几方面来看：

①格式符合"诗歌"的标准。（★）

②句子通顺。（★）

③有精彩句子。（★★）

④字迹工整，书面整洁。（★）

（3）学生组内互评。

（4）教师总结。

师：多么富有童趣的一首《小猫的梦想》！原来我们身边有这么多小诗人呀。今天小猫借助同学们的诗歌，放飞了他梦想的翅膀，老师相信，还有许多未实现的梦想，等待着从同学们笔下放飞呢。期待大家更加精彩的作品哦！

[设计意图：在经过上一步的训练之后，大部分孩子对于诗歌的格式都有了一定的认识。为了巩固成果，老师在评价时，可将格式正确的习作投影到屏幕上，作为重点表扬，同时提出优秀作品的评价标准，以加深孩子们的印象。学生完成习作之后，可以班内互相分享或带回家与父母分享，这都是巩固写作成果、培养孩子写作兴趣的有效方式。]

 附

板书设计

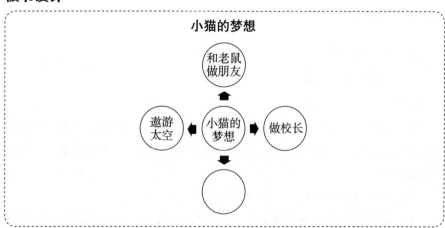

作业单设计

小朋友,你的梦想是什么呢?如果你就是那只可爱的小猫,你会想做些什么呢?把你的想法写下来,再把它变成一首小诗,你就是一位小诗人了!

一、填一填(★)

把小猫的想法用几个关键词填写在下面的圆圈中吧。

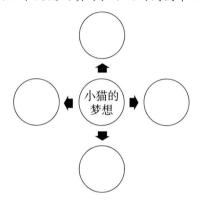

二、排一排(★)

小猫最想做的是什么呢?把他最想做的事排在最前面,接着是第二想做的……按这样的顺序来填写下面的图。

三、写一写(★★★★)

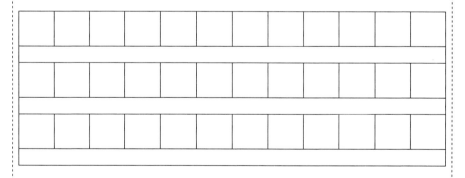

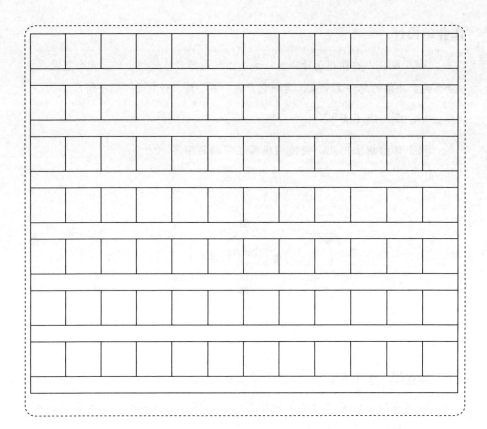

学生习作

小猫的梦想

深圳市龙岗区实验学校二年级　张博译

晚上，静悄悄的，

萤火虫提着一个个小灯笼，

在草地上飞来飞去，

月光发出微微的光芒，

萤火虫问小猫：

你的梦想是什么？

小猫想在尾巴上，

安一个火箭推进器，

这样就可以在蓝天上

自由自在地飞翔。

小猫还想，

拥有一所动物学校，

也像人类一样

在学校里刻苦读书。

到那时它就可以变成

动物世界的大博士了！

小猫的梦想，

还有很多。

教师点评：博译同学结合自己的体验，想象出了一只想要飞上蓝天和爱读书的小猫。同时还借助萤火虫的提问，引入小猫的梦想，充满了童趣。语言简洁通顺，诗歌格式正确，是一首非常生动有趣的儿童诗。

第 20 课　看图编童话

——《老鼠搬鸡蛋》教学案例

深圳市龙岗区千林山小学　肖华

【教学内容】看图编写故事《老鼠搬鸡蛋》

【教学目标】

（1）学习运用"推前想后法"来想象故事的前因后果，并练习分段表述。

（2）通过关注人物动作和表情，想象人物语言和心理活动，把故事写具体。

【教学重点】运用"推前想后法"进行看图编故事。

【教学难点】尝试运用人物动作、语言和心理描写把故事写具体。

【适用年级】二年级下学期

【教学准备】课件、作业单

【教学时长】60 分钟

【教学流程】

一、谈话导入，激发兴趣

（1）谈话导入。

师：同学们，你们喜欢小动物吗？喜欢什么小动物呢？

生：喜欢，我喜欢小白兔。

生：我喜欢小猫。

生：我喜欢小狗。

……

师：今天我们要认识的两个小家伙身上发生了特别好玩儿的事，大家想知道吗？看，他们来了！

（2）出示图片。

"用力，使劲！"

师：看看他们是谁呀。

生：两只小老鼠！

二、初识角色，学习"推前"

（1）初识小老鼠，给小老鼠取名。

师：认真观察，看看小老鼠在干什么。咱们给他俩取个有意思的名字吧，倒计时五秒写在作业纸上。

（2）学生填写作业单并汇报、分享。

（3）引导"推前"：指导学生根据画面内容推想故事发生的原因。

师：同学们，让我们再看这幅图，这枚蛋是从哪里来的？

生：草地。

生：农场。

生：鸡窝。

······

师：同学们发挥想象说一说，小老鼠是怎么得到这枚蛋的呢？

生：草地上捡来的。

生：鸡窝里偷来的。

······

教师根据学生回答及时板书关键词"草地、鸡窝、农场……捡、偷……"

师：怎么捡的？怎么偷的？我们可以从图上看出来吗？

生：看不出来，这是发生在图画之前的。

师：对，这些都发生在我们看到的图画情景之前。所以，我们要按图画内容往前推想。

（4）根据写作提示写开头。

师：想象故事发生的原因，把"原因"写下来作为故事的开头。怎么能把刚才肖老师记录的关键词变成一个有吸引力的故事开头呢？

生：把这些词语串起来。

师：是全部用上吗？

生：不是，要选择合适的。

师：说得很好，我们要选择合适的关键词编写开头，尽量做到和别人写的不一样，写出自己的新意。请同学们先说一说吧。

生：大红脸和长尾巴是鼠哥俩，这天他们在回家路边的草丛里发现一个蛋。

生：农场里，两只小老鼠吓得哆哆嗦嗦，因为他们废了好大的劲儿才从鸡妈妈那里偷来一个蛋！

生：一个又白又大的蛋从鸟妈妈的巢里掉下来，滚到树下小老鼠的家门前，把鼠兄弟俩吓了一跳。

（5）出示自然段写作格式，提醒学生用简短的两三句话写故事开头。

师：同学们说得真棒！不过光说可不行，咱们还得把开头写下来。动笔写开头前，请同学们观察课件中的格式。我们需要注意什么呢？

生：第一自然段开头空两格，标题写在最中间。

师：请同学们发挥想象，编写一个精彩的开头吧。

（6）学生动笔写，教师巡视指导。

（7）学生朗读作品，教师评讲。

[设计意图：给小老鼠取名的环节有利于学生在后续表达时做到清晰流畅，非常有必要。否则同学们很容易出现"一只小老鼠""另一只小老鼠""躺着的小老鼠"等模糊繁琐的表达。接下来的环节是尝试写第一段"故事的起因"，教师在巡视过程中选取有代表性的作品，请学生自己朗读，既可增强学生的自信心，也助于学生发现自己写得不够流畅的语句。随后教师可以使用"小作家""星级作家"等方式进行点评。]

三、再次观察，关注细节

（1）指导观察图片：小老鼠是怎么搬鸡蛋的？观察小老鼠的动作和神态，想象他们当时的心情和语言。

师：让我们先看"大红脸"，他有哪些动作？

生：躺，抱。（教师板书"躺""抱"。本环节可以找三四名同学汇报，鼓励学生仔细观察"大红脸"的动作，教师板书记录。）

师：我们再来仔细观察"长尾巴"，他又有哪些动作呢？

生：拉，扯。（教师板书"拉""扯"。本环节也可以找两三名同学汇报，鼓励学生仔细观察"长尾巴"的动作，教师板书记录。）

师：他俩可能会说些什么、想些什么呢？

生：……

（2）教师根据学生的回答随机板书。（由于教学时间限制，此处可提取较难的动作板书，其他用省略号代替。）

（3）指导学生根据板书试着讲故事。

生：鼠弟弟躺在草地上，一把抱住了大鸡蛋。鼠哥哥拉着鼠弟弟的尾巴往后退。

师：他们可能会说些什么？

生：鼠哥哥扯着鼠弟弟的尾巴，嘴里喊着："弟弟，你坚持一会儿！"

生：鼠弟弟叫着："哎哟哟，好痛啊！"

师：鼠弟弟心里会想什么？

生：这鼠哥哥力气也太小了点儿，我尾巴都要拉断了，蛋还一动不动。

师：同学们仔细观察了两只小老鼠搬鸡蛋的动作，也想象了他俩可能会说些什么和想些什么。现在让我们把刚才说的写在稿纸上，完成第二自然段。

（4）学生根据记录的关键词，写"小老鼠搬鸡蛋"的片段。要求如下：

①分段写作格式正确。

②主要部分详写。

（5）习作展示及评讲。

［设计意图：关注学生课堂练习中对两只小老鼠不同神态、动作的描写，引导学生将本课重点"搬鸡蛋"部分详写，教师点评时要突出重点。］

四、学法运用，引导"想后"

（1）引导学生推测故事的结果。

师：故事到这儿，我们可以想一想，这枚鸡蛋最后怎么样了？这个结果从图上看不出来，所以我们可以顺着这幅图往后想一想。

生：他们快要到家的时候，鸡蛋滚出去了，不小心磕破了。

生：鸡妈妈发现鸡蛋不见了，追过来了。

生：他们把鸡蛋搬到家门口时，发现洞口太小，鸡蛋搬不进去了，只好搬一口锅到门口来煮鸡蛋。

师：你们的想法太有趣了！把你们想象的故事结尾写下来吧。

（2）学生写结尾。

（3）选择1～2个学生作品进行展示点评。

五、作业

将今天的故事写完整并读给身边的人听。

板书设计

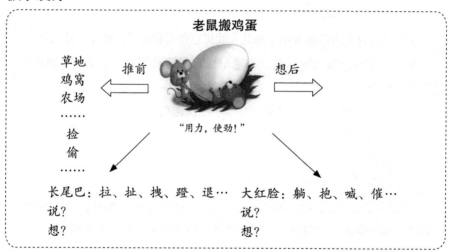

作业单设计

小朋友，你喜欢这两只可爱的小老鼠吗？我们根据图画来写一个有趣的故事好吗？我们可以先给他们取个好听的名字，然后根据"推前想后法"来创编故事，相信你的故事一定会让其他小朋友喜欢的，期待你的作品哦！

1. 请给两只小老鼠取个名字。（★）

_____ _____

2. 填写思维导图。（★★）

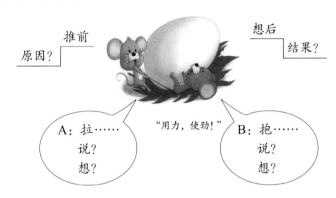

原因？ ——推前 想后—— 结果？

A：拉……
说？
想？

"用力，使劲！"

B：抱……
说？
想？

3. 开始写故事吧！（★★★★）

学生习作

老鼠搬鸡蛋

深圳市龙岗区千林山小学二（3）班　温世梁

一个又白又大的鸡蛋从鸡妈妈的窝里滚出来，滚到树下小老鼠的家门前，把鼠兄弟俩吓了一跳。

鼠哥俩想鸡妈妈肯定着急了，一定要把蛋还给鸡妈妈。于是鼠弟弟抱住大鸡蛋，往前一滚，叫鼠哥哥拉着自己的尾巴。哥哥拉着弟弟的尾巴往后退。弟弟痛得大叫："哥哥，轻点儿，好痛啊！"哥哥说："弟弟，你忍着点儿。"

经过鼠兄弟的努力，终于把鸡蛋搬回鸡妈妈的窝里，还给了鸡妈妈。鸡妈妈轻轻地把蛋放在最软的草堆上。

教师点评：温世梁同学通过仔细观察，运用"推前想后法"，创编了一个"把鸡蛋还给鸡妈妈"的故事。他能够进行分段表述，而且故事的段落划分合理。同时，把小老鼠的动作和语言描写得生动有趣！老师还发现温世梁同学很会用词，比如"又白又大""痛得大叫""最软的草堆"，他是一个非常有想象力的孩子。

怎样在看图写话中用好"推前想后法"

在低年段写话训练中，看图写话的比重非常大。以统编版语文二年级教材为例，上、下两册一共安排了七次写话教学，其中就有两次是看图写话，分别是《猫和老鼠》和《看图编故事》。在各类练习册和测试卷中，随处可见看图写话题型。因此，指导学生怎么看图，怎么根据图画内容来写话，是低年段写作教学的重难点。

现以二年级上册看图写话《猫和老鼠》为例，谈谈怎样用"推前想后法"指导学生单幅图写话。

教材上的图画结构简单、清晰：一只哭哭啼啼的小老鼠和一只龇牙咧嘴的猫。怎么教、怎么写呢？我决定带着学生一边观察图片，一边介绍自己看到的内容。在观察与交流汇报中提取信息，完成本次看图写话。在第一次试课时，有的同学说："我看到一只哭鼻子的小老鼠。"有的说："图上有一只猫在瞪着眼睛。"还没过 5 分钟，就陷入尴尬，发言者寥寥无几，这群二年级的孩子已经提不起兴趣，在课堂上开始开小差。从我布置的当堂写话反馈来看，45名同学，超过 30 名同学仅能就刚才的发言写出三两个句子，简单描述小老鼠和小猫的神态动作。篇幅较短，内容显得非常单薄。

怎么办呢？我开始从教学设计上找原因。

既然是看图写话，"图"就是学习的引子，怎么才能用好这个"引子"呢？

反思第一课时，我整个教学过程的关注点都在这张图片上，带领学生反复观察。可是我忽视了，二年级上学期的学生虽然对新鲜事物有好奇心，但是注意力却容易分散。我的教学设计应该是能够让这群孩子保持持续的学习兴趣的。找到问题了，可是怎样解决呢？我去请教指导老师，她提醒我，看图写话中的"图"仅仅是一个很小的顶点，但是你可以借用这个顶点画出无数条射线。例如：围绕这幅图，你还可以设计哪些教学环节，帮助学生发散思维呢？我似乎找到了方向，那还是从"图"入手。我决定再次尝试上这一课，我的教学思路是这样的：

一、发挥想象，学习"推前"

既然是看图写话，我先带领同学们把图看仔细，说清楚，但是这肯定是不够的，怎样拓展自己教学的宽度，打开学生的写话思路呢？我尝试带领学生进行"推前"，也就是把这个故事往前想象。以下是一小段课堂实录：

师：让我们再看这幅图，电脑屏幕里怎么会有一只猫？电脑是谁打开的？
生：主人打开的。
生：小老鼠打开的。
师：从图上，我们能看到小主人或者小老鼠打开了电脑吗？
生：不能。
师：那我们该怎么办呢？
生：我们可以想象。
师：怎么想？往哪里想？
生：往这幅图之前想。

师：对啦，这些疑问都发生在这张图之前，所以让我们顺着这张图往前推想。请大家记住这个词——"推前"，老师把"推前"二字写在黑板上。

学生"推前"想象故事情节，教师根据汇报板书关键词。

师：同学们，你们想象的情节太有意思了！那让我们试一试，根据老师的板书，把这个故事的"推前"部分写出来，作为这次写话的第一自然段吧。

本环节的设计意图是想要引导学生想象画面中没有的情景，拓宽学生的思维，达成教学目标中的"完整"二字。

二、掌握学法，自己"想后"

经过前一阶段的学习，同学们已经掌握"推前"写法。这个时候我稍作引导，学生就能猜个大概——顺着图意往后想，我们可以给这个环节起个名字叫"想后"。此处为一小段课堂实录：

师：故事到这儿，我们可以想一想，小老鼠最后怎么样了？
生：小老鼠被猫吃掉了。
生：小老鼠逃脱了。
生：小猫被关在电脑里，出不来，只能看着小老鼠跑了。

师：同学们想的都很精彩，为这个故事画下一个圆满的句号。可是肖老师好奇的是，你们的这些结果从图上能看得出来吗？

生：不能。

师：谁来说说？我们可以怎样想出故事的结果呢？

生：因为图上只有两只小动物，我们不知道后来发生了什么？就和刚才学的"推前"一样，我们要顺着图画去想。

师：往哪里想？

生：虽然看不出来，但我们可以顺着这幅图往后想一想。

师：真是会思考、会学习的好孩子！能从"推前"找到学习方法。

就这样，在第二次写话教学中，我通过"推前想后法"，拓宽了学生的写话思路，指导学生在进行单幅图写话时，不仅要认真观察图画，了解图意，同时也要根据图意进行想象。在本图之前，已经发生了什么事情，这些信息图上无法提取，需要学生想象或者猜测。因此，教师需用精简而明确的语言指引学生顺着图意往前推想，称之为"推前"。

用相似的教学思路，指导学生顺着图意往后推测，在本图之后，可能会发生什么，称之为"想后"。这样一来，学生的写话思路就不会仅限于单幅图，而会进行比较大的容量扩充，为丰富写话内容奠定基础。同时，引导学生"推前想后"，也能指导学生在丰富想象的过程中，将故事写得更完整。

在后来的看图写话教学中，我反复试验"推前想后法"，发现真的很好用，学生写出一个又一个精彩的故事。例如《老鼠搬鸡蛋》《飞天小猪》《过生日》等。

深圳市龙岗区千林山小学　肖华

听故事，写故事

　　"听故事，写故事" 训练是为孩子进入三年级后写童话故事打基础。统编版语文三年级教材中安排了三次童话故事写作训练，分别是 "根据词语编童话" "根据题目写童话" "看图编童话"。虽然童话是孩子们喜欢的写作类型之一，但是要让他们写一个结构完整、情节合理的童话故事就不那么容易了，特别是 "根据题目写童话" 就更难了。"根据题目写童话" 其实是命题写作，不少孩子在写作时要么天马行空，要么套用读过的童话故事情节或看过的动画片故事情节，思路打不开。所以，童话写作教学的难点主要有两个：一是引导学生展开合理想象；二是如何构思故事情节。为了降低三年级童话写作的坡度，从二年级开始我们可以进行 "听故事，写故事" 训练，具体做法如下：

一、依据特点，选择教材

　　我们知道，孩子的阅读理解能力与书面表达能力不是同步发展的，前者要远远超过后者，能听懂的故事未必能写下来，所以在选择教材时要降低要求。我们可以从故事结构、故事情节和表达特点三个方面来考虑：

　　（一）依据 "结构特点" 选择

　　在选择教材时我们不仅要注意故事内容的难度，还要在故事结构特点上分类选择，比如：有些故事是反复结构，这种结构是低年级孩子比较容易接受的；有的故事是按事情发展顺序来写的，故事情节也比较复杂，孩子必须有一定写作基础后才能写好；还有的故事同时采用了这两种结构。

　　（二）依据 "情节特点" 选择

　　有些故事情节比较简单，适合孩子练习写作；有的却一波三折，只适合阅读而不合适低年级孩子练习写故事。

（三）依据"表达特点"选择

从故事的结构来看，有的故事是以叙述方式展开的，有的故事是以对话推进情节发展的；从写作方法来看，有的故事不仅有大量的、不同形式的语言描写，还有丰富的动作和心理描写，这类故事的写作对二年级孩子来说有一定的难度。

于是，我从学前教育的语言教材中选择了一些结构简单、语言通俗、内容有趣的童话故事录制成音频，作为二年级孩子"听故事，写故事"的教材。

二、分步指导，分段表述

虽然语文课程标准在第三学段才提出"分段表述"的要求，但既然是学写故事，就可以让孩子尝试分段表述。实际教学中，不少老师从一、二年级就开始教孩子分段了。在课题实验班里，我们的老师是从二年级开始训练孩子分段表述的，采用"分步写作"达到"分段表述"的方式。具体方法是：

（一）借助导图，梳理结构

在进行"听故事，写故事"的训练时，我们一般会让学生听两次故事。第一次是大概了解故事情节，第二次要求学生边听边记，听完故事后填写思维导图。这样做的目的是让学生借助思维导图来梳理故事情节，为下一步复述故事和写故事作准备。在此，我们要提醒老师们的是，听故事的次数一般不超过三次，因为学生越熟悉故事内容，就容易变成背故事，在他们进行二次创作的时候就会受到原文的束缚，写出来的故事几乎是雷同的。我们设计"听故事，写故事"这种课型的目的是降低学生写童话故事的难度，但又要给学生一定的想象空间，所以，我们建议老师在听故事的次数上要适当控制，既要让学生听明白，又不至于太熟悉。

（二）从说到写，降低难度

听完故事后，就让学生分组完成一份故事导图，接着，再让学生在小组内根据故事导图讲故事，在不改变故事主要内容的基础上，学生可以适当添加自己的想象。这样，既能激发学生的兴趣，又能降低学习难度，为学生过渡到三年级学习童话故事写作打下基础。

（三）分步写作，分段表述

"分步写作"是指在老师的指导下，根据故事情节来划分自然段，然后进行分步写作教学——写一段，展示一段，点评一段。这种教学方法要注意的问题是如何做到面向全体，关注个体。因为学生的写作速度不同，有的快有的特别慢，老师只能根据大多数孩子的写作速度来推进教学，如果有孩子写作特别慢，可以在课堂上作个别指导。

三、从仿到编，提升能力

为了实现从"仿写故事"顺利过渡到"创编故事"，在"听故事，写故事"的训练中，我们可以鼓励孩子适当加入自己的想象：想象故事中人物当时的动作、心情；推想故事的细节。这样，学生在听故事、写故事时进行了二次创作，提高了创造力与表达能力。

在进行"听故事，写故事"教学时，不仅要选择合适的教材，还要注意教学时间的安排。一般情况下需要 60 分钟才能完成教学任务，如果没有充足的教学时间，孩子难以完成写作任务。

深圳市龙岗区教师发展中心　龙咏梅

≫ "听故事，写故事"教学导图

一、分级目标

二年级上学期	二年级下学期
1.选择内容和结构简单的童话故事的录音作为写作素材。 2.借助思维导图梳理故事情节，并创造性复述故事。 3.根据故事录音，加上自己的想象写故事，并尝试分段表述，把故事写完整、清楚。	1.选择内容和结构比较丰富的童话故事的录音作为写作素材。 2.借助思维导图梳理故事情节，并加上自己的想象把故事写具体、生动。

二、教学示意图

听故事，填写思维导图

听故事	画导图	讲故事	学分段	分步写
播放故事录音1~2次	分组根据故事内容画思维导图	分小组讲故事	分步写故事	

第 21 课　听故事，写童话

——《猪爸爸做床》教学案例

深圳市龙岗区东方半岛小学　吴梅芳

【教学内容】补充教材《猪爸爸做床》

【教学目标】

（1）激发学生听故事、写故事的兴趣，能够把听到的故事内容借助思维导图复述清楚。

（2）尝试分段写作，能把故事写完整。

（3）在语言描写中正确使用冒号、双引号。

【教学重难点】能借助思维导图进行分段写作，并在故事中正确运用人物语言描写。

【适用年级】二年级下学期

【教学准备】故事录音、课件、作业单

【教学时长】40 分钟

【教学流程】

一、师生谈话，激趣导入

师：动物王国里的猪妈妈要生宝宝了，一家人非常开心，尤其是猪爸爸，为了迎接宝宝的到来，正准备给孩子们做床呢！你们猜猜，猪爸爸会怎么做呢？

生：猪爸爸会给宝宝做一张软软的床。

生：猪爸爸可能会给猪宝宝做一张圆圆的大床。

……

［设计意图：课堂伊始，通过师生的对话，自然而然地引出《猪爸爸做床》的故事，再引导学生猜一猜会怎么做。意在启发学生想象，激发学生听故事的浓厚兴趣。］

二、听故事，思考问题

（1）第一次听故事。

师：同学们的想象力真的很丰富，接下来请听吴老师为你们带来的故事《猪爸爸做床》，边听边思考：这个故事主要讲了什么？猪爸爸在做床的过程中问了谁？结果怎么样？（播放故事录音）

（2）讨论问题。

生：老师，这个故事主要讲猪爸爸做床，他在做床的过程中问了象妈妈、狗妈妈、鼹鼠妈妈，结果做了三张床。

生：这个故事主要讲了猪爸爸是怎样做床的，他问了三位动物妈妈，又请猩猩和棕熊做了三张床，结果生了五个猪宝宝，就做了一张大大的床。

······

[设计意图：借助录音播放故事，课件出示图片，使学生在倾听故事的过程中，很好地将故事与画面的内容结合在一起。初步整理学生获得的信息，为下一个环节思维导图的填写作好了充分的准备。]

三、再次听故事，填写思维导图

教师再次播放故事录音。

师：孩子们，我们已经听了两遍故事。现在，请组长拿出作业单，根据听到的故事，认真填写思维导图。

提示：如果有不会写的字，可以写拼音，或者想其他办法。

（1）各小组自由填写思维导图。

（2）展示与点评。

[设计意图：此环节的设计旨在引导学生分组讨论并填写思维导图，让学生在互帮互助的氛围中互相补充。帮助学生养成倾听、表达、记录的好习惯，培养他们合作学习的能力。]

四、检查学习情况，展开闯关挑战

（一）第一关：我会讲故事

师：孩子们，你们不但会倾听，而且会思考。下面吴老师还要加大难度，请同学们来复述这个故事。复述就是用自己的话，把刚刚所听到的故事讲出来，可以边看思维导图边复述。

（1）学生自由练习。

（2）教师指名学生讲故事。

[设计意图：此环节的设计目的是指导学生在听懂故事的基础上复述故事，既锻炼学生的记忆能力，又锻炼学生的口语表达能力。]

（二）第二关：我会用标点符号

师：同学们的故事讲得很好，现在挑战第二关。接下来我们就要开始写故事了。但是写故事之前，老师要考考你们，看看你们在语言描写的过程中，能不能正确运用标点符号。

出示句子：

象妈妈说▢我每次只生一个宝宝，你就做一张床吧▢（教师示范）

狗妈妈说▢我每次只生两个宝宝，你就做两张床吧▢（学生练习）

[设计意图：教师先示范，再及时让学生巩固练习，教会学生正确运用冒号、双引号，并掌握其书写格式。]

（三）第三关：我会写故事

师：孩子们，我们会正确使用冒号、双引号了，现在把你们刚才听到的故事写下来吧。写故事之前老师作一个温馨提示（出示PPT）：

能分段写故事，把故事写清楚，写完整。（★★★）

能正确描写人物语言。（★★★★★）

有自己的想象。（最佳小作者）

（1）正确写题目。

师：你能想一个不一样的题目吗？当然也可以写《猪爸爸做床》。题目写在第一行的中间位置（出示PPT，题目以填充的形式出现在第一行的中间，这样的方式更加直观、明了）。

（2）开始写第一段。（3分钟）

①提示：记得每段开头要空两格哦！

②教师边巡视边指导。

③抽取学生作品上台展示、点评。

[设计意图：写完即评，指向性更强。作品先指名读，其他同学听，老师

再点评。]

（3）继续写第二段。（8分钟）

①提示：记得开头要空两格哦！

②教师边巡视边指导。

③抽取学生作品上台展示、点评。

[设计意图：旨在提高学生分段表述的能力，对语言的描写进一步细化到语句当中去。通过相机指导，更清晰地了解学生的写作水平。对于学生的片段描写及时点评，有效提高学生的表达能力。]

（4）以同样的方式继续写第三段、第四段（如时间不够，则布置学生回家继续完成，或者下一节课继续完善）。

[设计意图：在这个写故事的环节中，采用分段式教学，能使学生更加清晰明了地掌握分段的方法以及写作的格式。]

（5）推荐绘本阅读:《三只小猪》。

师：同学们，看完这个故事后，请你们尝试用思维导图这种方式把故事的主要内容写下来，能写多少就写多少。老师相信你们的表达会越来越出色！

[设计意图：此环节的设计主要是激发学生对课外阅读的兴趣，提高他们的自主阅读能力。让学生在阅读中积累自己喜欢的词句，感受语言的优美，从而提高学生的写作能力。]

板书设计

> **猪爸爸做床**
>
> 问 ┤ 象妈妈
>   狗妈妈 —→ 做了三张床 —→ 做大床
>   ……

作业单设计

　　小朋友，故事听完了，你喜欢《猪爸爸做床》这个故事吗？现在，老师要考考你了，相信你一定可以出色地完成下面的任务，加油吧！

一、我会写语言（★★★）

　　象妈妈说："我每次只生一个宝宝，你就做一张床吧。"

二、我会写故事

1. 填写思维导图。

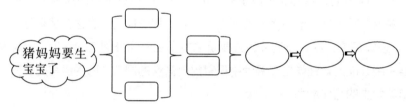

2. 我能根据思维导图写故事。（★★★★★）

学生习作

猪爸爸做床

深圳市龙岗区东方半岛小学二（4）班　钟灵语

猪妈妈要生宝宝了，猪爸爸要给猪宝宝做床。

要做几张床呢？他去问象妈妈，象妈妈说："我每次只生一个宝宝，你就做一张床吧！"

他又去问狗妈妈，狗妈妈说："我每次只生两个宝宝，你就做两张床吧！"

他又去问鼹鼠妈妈，鼹鼠妈妈说："我每次生三个宝宝，你就做三张床吧！"

猪爸爸找来了棕熊和狸猩帮他做床，一共做了三张床。

猪妈妈生宝宝了，一、二、三、四、五，一共生了五个猪宝宝。床不够了，猪妈妈说："我和宝宝们一起睡吧！"

于是，猪爸爸就做了一张大大的床，猪妈妈和猪宝宝一起睡。猪爸爸忍不住摸了摸猪宝宝的头，开心地笑了。

教师点评：灵语同学能借助思维导图来分段写作，很了不起哦！你能在听故事的基础上加上自己的想象，把故事写得生动有趣，文笔流畅，并且还能正确使用冒号和双引号来描写人物语言。

第 22 课　听故事，写童话

——《蛋壳房子》教学案例

深圳市龙岗区康艺学校　詹艳玲

【教学内容】补充教材《蛋壳房子》

【教学目标】

（1）能用思维导图的形式记住故事的主要情节，并学会分段表达。

（2）能用"首先……接着……然后……最后……"等句式把故事内容表达完整。

（3）学习冒号和双引号的正确书写格式。

【教学重点】在描写人物语言时正确使用冒号和双引号，并规范书写。

【教学难点】用思维导图来梳理故事结构，并学习分段表述。

【适用年级】二年级上学期

【教学准备】故事录音、课件、作业单

【教学时长】40 分钟

【教学流程】

一、激趣导入，走进故事

（1）出示图片，学生根据画面大胆猜测。（图片可选择几张不同形状的卡通版小木屋）

师：我们每个人都有自己的房子，可爱的动物们也有自己的房子，你能猜猜这是谁住的房子吗？

生：这是蜗牛住的房子。

生：这是小鸭宝宝住的房子。

……

（2）设疑激趣，引发期待。

师：有一只小蟋蟀看见其他小动物都有了自己的房子，十分羡慕，就想把蛋壳做成自己的房子，你们猜猜他能成功吗？

[设计意图：运用由易到难的图片让学生猜一猜，不仅可以激发学生的学习兴趣，更重要的是培养学生的观察和推测能力，为后面的学习环节作好铺垫。]

二、带着问题，听故事

（1）导入故事，提出问题。

师：老师也不知道答案，但老师今天带来的故事或许能告诉你们答案。这个故事叫作《蛋壳房子》。咱们光听还不行，还要学会边听边想：小蟋蟀用蛋壳做房子，他是怎么做成的？做好房子后小蟋蟀还想做什么事呢？

（2）播放故事录音，学生边听边思考。

蛋壳房子

小蟋蟀很想有一间房子。

有一天，他看见一个蛋壳："哈，这可以做我的房子。"小蟋蟀把蛋壳房子竖起来，在上面开了两扇门，又开了两扇大窗子。他爬到房子顶上去装电视天线。"因为我想看电视。"小蟋蟀说。住在蛋壳房子里，真舒服！

小蟋蟀请昆虫朋友们来家里玩。昆虫朋友们都来了，他们都夸小蟋蟀的房子真漂亮！

师：故事听完了，老师的问题你能回答吗？

生：小蟋蟀先把蛋壳房子竖起来，在上面开了两扇门，又开了两扇大窗子。

生：小蟋蟀爬到房子顶上去装电视天线。

生：小蟋蟀把自己的房子盖好后还请他的昆虫朋友来家里玩。

[设计意图：此环节通过问题预设引导学生初步感知故事的基本内容，同时也在锻炼学生的倾听能力。]

三、再听故事，完成思维导图

（1）根据要求听故事。

师：刚才同学们的表现都很棒，这次老师要提高难度了。请再听一遍故事，并边听边记：你能用思维导图的形式把小蟋蟀做房子的经过记下来吗？

（2）学生再听故事，合作完成思维导图。

小蟋蟀看见蛋壳，要做房子—（　　　）—（　　　）—（　　　）—（　　　）

[设计意图：此环节旨在引导学生用"关键词"来记录故事情节，并梳理故事结构，为后面写故事打基础。]

四、看思维导图，复述故事

师：现在谁能看着自己的思维导图再来讲一讲这个故事呢？可以发挥自己的想象哦！

（1）学生复述故事，教师相机引导用上连接词。

师：嗯，这位同学讲得很不错，基本上把小蟋蟀做房子的经过讲出来了。现在老师送你们一个讲好故事的法宝，用上"首先""接着""然后""最后"这样的连接词能让你们的故事听起来更流畅。谁再来挑战一下？

生：小蟋蟀先把蛋壳房子竖起来，再在上面开了两扇门，又开了两扇大窗子。他爬到房子顶上去装电视天线。"因为我想看电视。"小蟋蟀说。他觉得住在蛋壳房子里，真舒服！小蟋蟀还想请昆虫朋友们来他的家里玩。后来昆虫朋友们都来了，他们都夸小蟋蟀的房子真漂亮！

生：小蟋蟀先把蛋壳房子竖起来，接着在上面开了两扇门，然后又开了两扇大窗子。他又爬到房子顶上去装电视天线。"因为我想看电视。"小蟋蟀说。他觉得住在蛋壳房子里，真舒服！小蟋蟀还想请昆虫朋友们来他的家里玩。最后昆虫朋友们都来了，他们都夸小蟋蟀的房子真漂亮！

（2）同桌之间互相讲一讲。

（3）请学生代表上台讲。

（4）鼓励学生把蟋蟀的蛋壳房子画出来。

[设计意图：利用此时的师生互动，根据思维导图适时引导学生展开想象，打开思路，用上连接词有序地进行故事表达。需要注意的是，要遵循从易到难的学习规律，先让学生大胆地画，大胆地说，充分打开语言思路，老师不要刻意引导和干涉，为后面的创意表达作准备。]

五、认写标点符号

（1）引导学生认识双引号和句号。

师：小蟋蟀真不愧是做房子的专家，他还在自己的房子上装了天线，他为什么要装天线啊？他是怎么说的？还记得小蟋蟀的话吗？

生：小蟋蟀说："因为我想看电视。"

师：你的记性真好！就是这一句。我们一起来读读这句话吧。大家发现这句话有什么特别的地方吗？

生：这个句子加上了双引号和句号。

师：对，双引号，当别人说话时，咱们要把他说话的内容用引号引起来。那在写这些标点符号的时候需要注意什么呢？

生：句号要写在引号的里面，而且要写在左下角位置。

生：后引号不能写在顶格位置，要和上一行的最后一个字挤在一起写。

（2）学生在作业单上完成句子抄写，练习正确书写标点符号。

（3）挑选 1～2 名学生的作品展示评价。

[设计意图：运用抄写句子的方式引导学生认识双引号、句号，并能正确书写，特别强调要注意引号和句号在行末和顶格时的正确写法。这是一个教学重点，采用抄写和判断对错的方式巩固知识点。]

六、根据思维导图，分段写故事

师：同学们，小蟋蟀盖房子的故事有趣吗？请同学们拿出草稿纸一起来写写这个故事吧。看看咱们班谁是故事大王。

（1）引导学生学会分段。

师：如果要把故事写得精彩，我们要学会把这个故事分成几个自然段来写，这样别人才看得明白。你会怎么分呢？可以参照我们刚才画的思维导图。

生：我觉得可以把小蟋蟀捡到鸡蛋壳想做成一个房子作为第一自然段。

生：我想把小蟋蟀做房子的过程作为第二自然段。

生：小蟋蟀请昆虫朋友们来家里玩可以作为第三自然段。

（2）学习段落书写格式。

师：写好故事并不难。第一个秘诀是要给自己的故事取个好名字，并写在第一行的中间位置。第二个秘诀是每一段的开头要空两格。秘诀三很重要，用上正确的标点符号，还能发挥自己的想象。下面请开始你们的第一段创作吧。

（3）学生完成第一段的写作，教师巡视并指导、点评。

[设计意图：利用前面梳理好的思维导图，引导学生进行分段表达，并注意书写格式，教师的任务重在"导"。巡视的过程中提醒孩子不会写的字可以用拼音代替，降低写作的难度，也缓解学生的畏难情绪。教师在巡视时即时了解学生对本节课知识点的掌握情况，即时点评要选好、中、差三个层次的代表作，好的供大家学习模仿，差的引导注意易错点，所以作品的选取一定要有层次感。]

七、习作展示与点评——我是故事大王

（1）学生上台进行展示，分享作品。师生共同适当评价（以鼓励为主）。

（2）布置课后任务：将今天的故事分享给自己的爸爸妈妈听。

[设计意图：对学生的学习表现即时予以反馈是最有效的教学方式。即时评价不仅能激起学生的写作兴趣，还能发现学生在写作时面临的问题，一举两得。将自己的学习成果分享给他人，能让学生更有成就感，还不知不觉提高了学生的口语交际能力。]

板书设计

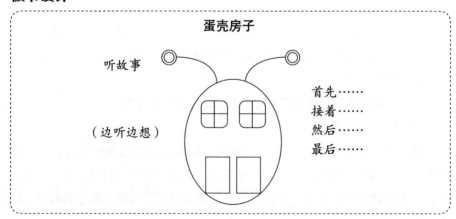

作业单设计

　　小朋友，故事读完了，你喜欢《蛋壳房子》这个故事吗？现在，老师要考考你了，你能完成下面的任务吗？

一、我会写语言（★★★★★）

小蟋蟀为什么要装天线，他是怎么说的？

（请将小蟋蟀的话认真抄写一遍，注意标点符号的正确书写格式！）

小	蟋	蟀	说	：	"	我	想	看	电
视	" 。							

二、我会写故事（★★★★★）

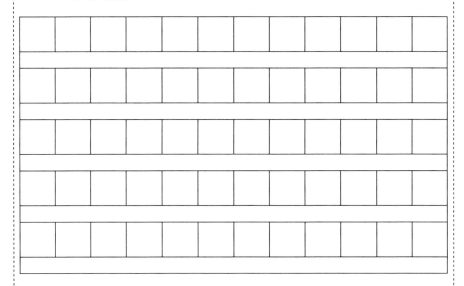

学生习作

小蟋蟀的房子

深圳市龙岗区康艺学校二（1）班　林锐禹

一天，小蟋蟀看见朋友们都有自己的房子，他也想盖一座属于自己的房子。于是他就找呀找，在绿绿的草地上找到了一个圆圆的蛋壳。

小蟋蟀先在蛋壳上做了两扇门，接着做了两扇大窗户，小蟋蟀还请来了蚂蚁专家给家里装上了电视机和天线，最后他还给窗户挂上了黄色的窗帘，在窗台上摆上了几盆绿色的植物。

家装修好后，小蟋蟀躺在自己的小床上自言自语："还是自己亲手做的房子住着舒服。"小蟋蟀还邀请他的昆虫朋友们来家里玩，朋友们都朝小蟋蟀竖起了大拇指，纷纷对他说："你的房子很漂亮！"

> **教师点评**：锐禹同学能根据听到的故事，加上自己的想象，写出一个结构完整、生动有趣的故事，还能根据故事情节，分三个自然段来写，并用上了连接词让故事变得更有条理。全文书写规范，标点符号使用正确，是一篇值得点赞的"听故事，写故事"佳作。

第 23 课　听儿歌，编童话

——《蚂蚁搬豆》教学案例

【教学内容】补充教材《蚂蚁搬豆》

【教学目标】

（1）听儿歌，能把儿歌的内容改编成一个完整的故事。

（2）通过观察画面，发挥想象，把画面写具体。

【教学重点】能把儿歌变成一个完整的故事。

【教学难点】能发挥自己的想象，把画面写具体。

【适用年级】二年级下学期

【教学准备】儿歌《蚂蚁搬豆》、课件、作业单

【教学时长】40 分钟

【教学流程】

一、情境导入，走进故事

师：嗨，亲爱的小朋友们，欢迎你们来到我们的故事剧场，我是詹詹老师。今天我想和小朋友分享一个很有趣的故事。我们一起来看看吧！（出示课件）

一颗豆子蹦着跳着离开了家，他好久没有走出家门去看看了，所以他特别高兴，大声喊道："离开家的感觉可真好啊！"

就在这时，一只刚睡好午觉的小蚂蚁伸着懒腰走出了家，当他看到这颗开心的豆子时，忍不住开心地说："今天的运气真不错，晚上有大餐吃啦！"还没开心一会儿，小蚂蚁就开始着急了："这颗豆子这么大，比我要大上好多倍，我怎么把它搬回家呢？"

师：小朋友们，故事听到这儿，你们是不是也在替小蚂蚁着急呢？我们

的小蚂蚁能把这颗豆子搬回自己的家吗？来，我们一起来听一首儿歌，看你们能否找到答案。

［设计意图：创设教学情境是课堂生活化的有效途径，模拟生活的场景可以让学生如临其境，如见其人，如闻其声，加强感知，增强体验。同时也符合学生的认知特点，能较好地激发学生的好奇心。］

二、听儿歌，我会梳理故事

（1）播放儿歌《蚂蚁搬豆》，初步感知儿歌内容。

蚂蚁搬豆

一个蚂蚁在洞口，

看见一粒豆，

用力搬也搬不动，

急得直摇头。

小小蚂蚁想一想，

想个好办法，

回洞请来好朋友，

抬着一起走。

师：多么有趣的儿歌，蚂蚁是怎样把豆子搬回家的呢？

生：小蚂蚁去找来自己的同伴一起把豆子搬回家了。

（2）创设情境，学讲故事。

师：一位叫童童的小朋友，想把这首儿歌编成一个故事讲给大家听，我们一起来看看童童是怎样学会讲故事的吧。他听说可乐姐姐是有名的故事大王，所以就去请教可乐姐姐。你们猜猜他会怎么说。

生：可乐姐姐，我知道要想讲好故事先要学会写故事，这个故事真有趣，你可以教我怎么写下来吗？

师：你有礼貌地请教，所以可乐姐姐说："当然可以啊！想要写好故事，第一步，先想一想故事的主角是谁，要先给他取个有趣的名字。"于是童童给这只聪明的小蚂蚁取名飞飞。"第二步就要把故事的情节画出来。"童童听完可乐姐姐的话就连忙画了起来。你们也和童童一起来画一画吧！

（3）画故事导图，梳理故事情节。

师：不一会儿，童童把这个故事用五幅图画了出来。你们能把自己画的和大家分享一下吗？

（4）展示学生作品，并简单评价。

（5）引导学生学会分段。

师：小朋友们，你们能给自己的这组画起个题目，再用几个简单的关键词把这五幅图的意思表达出来吗？

生：我能。

师：童童把这几幅画分成了三部分。你们猜猜他会怎样分。

生：我觉得童童会这样分：蚂蚁看见一颗豆子作为第一部分，然后想办法搬豆子是第二部分。

生：最后把豆子搬回家是第三部分。

[设计意图：通过创设"可乐姐姐"和"童童"这两个角色，将学生带入到写作的情境中。用学生最喜欢和擅长的绘画方式来梳理故事思路，也是接下来的写作思路，同时顺势引导学生分段表达。需要注意的是对学生绘画的要求不要过高，能将基本的内容表达出来即可，对于不能画出的同学鼓励其用简单的文字来代替，让所有的学生都有收获。]

三、想象画面，我会编故事

师：可乐姐姐接着说："要想把故事讲好，第三步非常重要。想一想：哪个画面最有意思，要把它写清楚哦。"你觉得哪个画面最有意思呢？

生：我觉得最有意思的是蚂蚁们一起搬豆子的那个画面。

生：我也这么觉得。

师：那怎样把这个有意思的画面说清楚呢？此时我们要发挥想象。（出示图片）你们看，图画上拿着一面旗子的小蚂蚁正在做什么呢？他会怎么说呢？

生：我觉得他拿着旗子正在指挥其他的蚂蚁搬豆，他一边指挥一边喊："加油！加油！"

师：你的想象力真丰富！那你再看，其余的蚂蚁又是怎么做的呢？

生：有的蚂蚁用手扶着，有的用头顶着，还有的用自己的肩膀扛着……

生：一些蚂蚁站在后面用身体使劲向前顶，一些蚂蚁站在前面拼命拉，还有一些蚂蚁在两旁扶着向前推。

[设计意图：由了解故事的主要情节转换到聚焦画面，引导学生观察图画

中人物的动作，想象人物语言，在观察的基础上引导想象，丰富表达内容，激发学生的表达欲望。]

四、分段表达，我会写故事

师：你们和童童一样，观察得很仔细。现在可以把你们刚才想到的、观察到的，用手中的笔把它变成一个有趣的故事了。来，我们一起行动起来吧！

（1）明确写作要求。

师：还记得写故事的基本要求吗？

生：首先要写上题目，而且要写在第一行的中间。

师：接下来就开始写第一自然段了，写什么呢？

生：我们可以写飞飞是怎么发现这颗豆子的。

师：来，和童童一起动笔吧，老师给你们5分钟的时间。

学生认真完成第一自然段写话。

（2）分步指导，分段写作。

师：同学们，写完了吗？童童已经写完了哦。

生：写完了，老师。

师：那我们开始写第二自然段吧。同学们，你们准备写什么呢？

生：我想写一写飞飞搬不动，他是怎么做的，怎么想的。

师：好的，老师给你们8分钟的时间来完成。

（3）教师指导学生完成写话内容。

师：同学们，童童的第二自然段也写好了，他已经高兴地准备开始写第三自然段了。你们知道童童的第三自然段会写些什么吗？

生：我觉得他会写飞飞是怎么把豆子搬回家的，把自己想到的、观察到的写成一个自然段。

（4）教师小结写话小妙招。

师：同学们，你们和童童一样棒，这么短的时间就学会了怎么写故事。其实想成为故事大王也是有标准的呢。我们一起来看看成为故事大王的要求有哪些吧。

①书写工整，格式正确。（★★★）

②能分段写，把故事写清楚。（★★★★）

③有自己的想象，并能加上动作和语言描写。（★★★★★）

师：同学们，你们可以对照这个标准来看一看自己能否拿到这顶故事大王的王冠哦！

（5）写故事大比拼。

[设计意图：先复习写作的格式，然后提出"如何写具体"的策略，再鼓励学生分段表述。采用限时写作的方式让学生有挑战感，同时还能训练学生的写作速度。]

五、习作展示与点评

师：同学们，我们的童童小朋友已经学会了怎样写一个有趣的故事，你们学会了吗？你们也能拿到那顶美丽的王冠吗？相信你们一定可以！

（1）学生上台进行展示，分享作品。

（2）师生点评，以鼓励为主。

六、布置课后任务

为自己的故事配上图画，把作品交给老师，进行"故事大王"评比。

附

板书设计

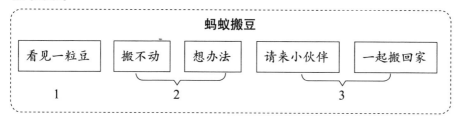

作业设计单

班级：_____　　姓名：_____　　星级：_____

　　小朋友，儿歌听完了，你喜欢《蚂蚁搬豆》这个故事吗？现在，老师要考考你了，你能完成下面的任务吗？

一、请根据儿歌的内容画一画故事导图（★★）

二、我会写故事（★★★★★）

（此处为空白方格表）

学生习作

蚂蚁搬豆

深圳市龙岗区康艺学校二（1）班　谢欣妍

有一天，蚂蚁飞飞刚睡好午觉，发现自己的肚子饿了，饿得连说话的力气都没有了。突然他眼前一亮，洞门口的地上有一颗大大的豆子。

他想：这么大的豆子我该怎么搬回家呢？他想呀想，终于想出了一个好办法。飞飞飞快地跑回了蚂蚁窝里，上气不接下气地对小蚂蚁们说："我发现了一颗大豆子，我搬不动，你们赶紧出发去把它一起搬回来吧。"大家听了他的话，开心极了，急匆匆地来到了豆子旁边。

蚂蚁们开始了分工行动，飞飞负责指挥，其余的蚂蚁负责搬豆子。一只蚂蚁站在后面用身体使劲向前顶，一只蚂蚁站在前面拼命拉，还有一些蚂蚁在两旁扶着向前推。飞飞在旁边拿着旗子大声地喊着口令："一二一，一二一……"蚂蚁们在飞飞的指挥下迈着整齐的步子，齐心协力把豆子搬回了家。

晚上，飞飞和小蚂蚁们幸福地享受了一顿美味的晚餐。

教师点评：小作者想象丰富，能根据儿歌的内容合理展开想象，写了一个完整而生动有趣的童话故事，让读者看到了一群聪明与勤劳的小蚂蚁。

从"创造性复述"到童话写作

近两年来，为了培养孩子们的写作兴趣，提高他们的表达能力，我和孩子们经历了从"互相折磨"到"爱上写作"的艰难历程。终于，我看到孩子们不再害怕写话，甚至还有孩子追着我问："老师，我们什么时候上写话课？你什么时候给我们听故事？"的确，"听故事，写故事"对于低年级孩子来说是一种有效的写作训练方法。

第一次萌发"听故事，写故事"的教学设计纯属偶然，甚至有点"迫于无奈"。当时，区教研员龙老师要到我们学校进行教学视导，我诚惶诚恐地接到了学校安排我上展示课的任务。接受任务后我苦思冥想了几个晚上：识字课不是我的拿手好菜，阅读教学我也没有什么拿得出手的课例，最后，我决定剑走偏锋——上写话课吧，相对其他课型来说，上写话课还能让我稍微自信些。可这次上什么呢？从一年级开始，我们班孩子就开始看图写话了。到了二年级，我们进行了读儿歌仿写儿歌、绘本读写训练和写观察日记……忽然，我想到龙老师给我发过一些童话故事录音，还提过"听故事，写故事"的教学设计思路。对了！故事是孩子们最爱的，故事在他们心目中有一股神奇的魔力！这次我就试一试"听故事，写故事"吧。于是，"听故事，写童话——《蛋壳房子》"这个写作教学课例便诞生了。我是这样设想的：先让孩子们听 1 ～ 2遍故事，接着借助思维导图来梳理故事情节，然后鼓励孩子们发挥想象，创造性地复述故事，最后让他们把自己讲的故事写下来。为了让孩子们顺利地完成写作任务，我还设计了运用冒号和双引号描写人物语言，以及分段表述等写作技能训练。这样的教学设计看起来环节简单、思路清晰、目标明确，如果能按照我的预设来教学，这节课肯定能让我"完美交差"。

但理想永远是彩色的，而现实总是黑白的。

第一次借班试课，导入环节颇为流畅，孩子们因为第一次接触这样的写话方式，个个兴奋极了。但到了"看思维导图，讲故事"环节，孩子们就开始"脱缰"了。当我问"谁愿意看着老师的思维导图来讲一讲这个故事？"，爱表现的孩子还真不少，于是，我指名让两个孩子来讲故事。

"小蟋蟀把蛋壳房子竖起来，然后在上面开了两扇门，然后开了两扇大窗子，然后小蟋蟀爬到房子顶上去装电视天线，然后……"

"因为小蟋蟀想看电视，然后他住在蛋壳房子里，真舒服！然后小蟋蟀想请昆虫朋友们来他的家里玩，然后……"

这哪是在讲故事呀，纯粹就是用"然后"接龙造句嘛！这场景完全超出了我的预设，原以为根据思维导图讲故事很容易，孩子们只要按照听到的故事，加上自己的想象来讲就可以了，谁知会变成这样！一瞬间，原本紧张的我变得焦躁不安起来，后面的教学也随着我的情绪变化演绎成了师生"互相折磨"的混乱局面，好不容易挨到下课，我灰头土脸地走出了教室。

"怎样才能引导孩子们把造房子的过程说清楚呢？"这个问题一直在我脑海里萦绕。当时我们正在学习《我是谁》一课，教学中有一个环节，即用上"有时候……有时候……有时候……"来说话。对呀，我怎么没想到用"连接词"来引导他们有序表达呢？于是，我把教学设计作了修改，再次走进了教室。这一次，当教学推进到"看图讲故事"这一环节时，我灵机一动："同学们，谁能把自己想象的蛋壳房子画出来，然后根据图画来讲讲小蟋蟀是怎么造房子的呢？"一石激起千层浪，教室里立刻沸腾起来，孩子们争先恐后地拿出纸笔画了起来：有的孩子画了个圆圆的蛋壳房子，有的孩子特别有创意，还给蛋壳房子画了窗帘，摆了绿色盆景……画完后，孩子们就开始七嘴八舌地介绍自己的房子。这时，我给他们出示了一组连接词——"首先""接着""然后""最后"，告诉孩子们可以用上这些词语来表达。这样，孩子们的表达顺畅多了，思维打开了，写出来的故事条理清楚，语句也生动了许多。看来并不是孩子缺乏想象力，而是老师的引导不够到位，我们总是习惯按自己的预设来教学，甚至为了顺利地走完教学流程，只提问少数优秀的学生，让他们配合老师把课"演好"。我想起龙老师曾经给我的提醒：课堂不是老师的舞台，更不是老师的表演，想上好一节课，要做到以学定教、随机应变，要随学情变化而适时调整教学，这样的教学才是有效的。第二次试课效果有明显好转，当我带着这份小庆幸离开教室后，我的教学思路也明朗了许多。

教学视导结束后，我得到了鼓励。所以，我又选择了一些合适的童话故事作为写作素材。第一学期，我选择了一些内容和结构比较简单的童话故事，指导学生先用思维导图来梳理故事情节，然后在听故事的基础上加入自己的想象，进行创造性复述故事，最后尝试把故事写下来，并做到分段表述。到了第二学期，在选材方面我又稍微提高了难度，筛选结构清楚、情节与内容比较丰富的童话进行写作训练，并逐步要求把故事写完整、写具体。经过多番尝试，我们班的孩子越来越喜欢故事写作课了，每周都期待着星期一下午那节"听故事，写故事"。

看着孩子们日渐提高的写话水平，我对自己的教学更有信心了，他们的进步也给我渐渐袭来的职业倦怠带来了一剂"兴奋剂"。我想起了网络上流传的那句经典话语——学生虐我千百遍，我待学生如初恋。为什么被虐至此我们还乐此不疲呢？因为当我看到孩子们由恐惧写作到期待每周一次的写话课时，当看到他们饶有兴趣地跟着我做水培红薯的实验，再把实验过程记录下来时，我体会到了教学相长的快乐！

我和孩子们在故事的海洋里一起扬帆起航，一起快乐成长！

深圳市龙岗区康艺学校　詹艳玲

观察与表达

"观察是人们认识世界、获取知识的一个重要途径。观察是有目的、有计划的知觉活动，是知觉的一种高级形式。观，指看、听等感知行为，察即分析思考，即观察不只是视觉过程，是以视觉为主，融其他感觉为一体的综合感知，而且观察包含着积极的思维活动，因此称之为知觉的高级形式。"（百度百科）观察不仅是我们学习的主要方式，也是获得写作素材的重要途径。因此，从低年级开始，我们语文老师就要对学生进行观察指导，让学生养成观察的好习惯。然而，我们发现老师在指导低年级学生观察时存在以下问题：

第一，观察要求太全面、太细致。在指导学生观察时，很多老师以为要全面而细致，否则就描写不具体了。但那是针对中年段的观察要求，不适合低年段。因为低年段的学生年龄一般在 6～8 岁，这个年龄段孩子的观察特点是缺乏稳定性，持续时间短，他们的观察往往是受环境、情绪或兴趣影响的。如果要全面细致地观察事物，势必要长时间持续地关注某一事物，这对低年段的孩子来说要求太高。一般来说，一年级学生的观察时间在 12 分钟左右，但到了二年级下学期，可以适当增加观察时长，可以到达 15～20 分钟。

第二，缺少从观察到表达的分步训练。有些老师是这样指导孩子观察的：先指导学生全面观察，一边观察一边提问，还让学生说说自己根据观察联想到什么，最后让学生把观察的内容写下来。这样的指导确实可以让一部分聪明的孩子达成目标，但那些学习有困难的孩子就很难完成任务了。因为从观察到写话这个过程其实是很复杂的，如果没有及时做一些观察记录的话，有些孩子就容易丢失前面观察到的信息，特别是观察越全面越细致，获得的信息量越大，孩子越容易忘记或者记忆混乱，写话的时候自然表达不清或者有困难。我们一般会指导孩子用"关键词"来记录观察结果，然后再根据"关键词"进行"连词成句，连句成段"的训练，这样才能让孩子实现"从观察到表达"的跨越。

第三，引导想象的角度比较单一。我们不仅要教会孩子观察，还要在观察的基础上引导孩子联想或想象。但很多时候，老师引导孩子想象的角度太单一，比如：在观察小金鱼时，老师只会问"小金鱼的尾巴像什么，眼睛像什么"这一类问题，这样，不能更好地打开学生思维，学生的表达也不够丰富。

那么，如何指导低年段孩子学会观察与表达呢？老师们可以这样做：

一、选择合适的观察对象

在选择观察对象的时候，我们要考虑儿童的年龄特征并注意学生的安全，不让学生接触有危险的事物，最好是在老师和家长的指导下进行观察。首先，要选择孩子们喜欢和熟悉的事物。低年段孩子最感兴趣的是可爱的小动物，还有比较奇特的植物以及各种玩具等。因此，我们要尽量选择他们生活中能接触到的事物。其次，在选择观察对象时要由简单到复杂。刚开始学习观察的时候不宜选择结构太复杂的事物，可以从外形简单的小动物过渡到能引起孩子们好奇心的植物，再到熟悉的水果和结构不太复杂的玩具等。

二、从整体入手掌握观察方法

低年级的观察训练应从整体入手，侧重观察角度的训练而不是如何观察细节。因为对孩子来说他们不会选择记忆，不会抓重点，更做不到按一定顺序来表达。在指导孩子观察时，如果一开始就进入细节观察，那么，观察越仔细信息量就越大，表达就越困难。所以，我们应该教会孩子从整体入手，从不同角度来观察，并按观察顺序来表达，形成多角度观察的思维方式。我们可以从以下几方面来做：

（1）逐渐递增观察角度。我们在指导孩子观察时，要动用眼、鼻、耳、口、手五种器官，获得的体验称作"五感"。其实，低龄儿童对观察是非常有兴趣的，因为他们对周围的世界充满好奇，但我们在指导低年级孩子进行写作观察时是否也要求五感观察同时进行呢？这是低年级老师经常出现的问题。很多低年级的老师指导孩子观察与写话，总是要求孩子全面细致地观察，这是不合适的，因为一、二年级的孩子观察时的稳定性较差，他们很难做到细致而持久地观察。所以，我们可以先选择结构简单的小动物开始学习观察，观察方法以"看"为主，在看的基础上展开联想；然后再选择观察方法以"看"和"闻"为主的小动物或植物，比如小狗、茉莉花等；接着再选择观察方法以"看""摸""闻""尝"为主的水果进行观察……随着观察角度的增加，观察内容也越来越丰富。

（2）掌握"关键词"记录法。我们要一边观察，一边用关键词记录信息。如果没有及时进行观察记录，那孩子观察后很容易丢失信息，特别是观察越细致，越难记住，所以，我们可以教会孩子运用关键词来记录观察信息。

（3）多角度想象或联想。在引导学生想象或联想时，比如可以这样问：你想问小金鱼什么问题吗？你想对它说什么？你会怎么夸夸它？……

三、"连词成句"提高表达能力

以《小金鱼》为例，我们可以这样指导孩子进行观察记录与表达：首先，观察小金鱼的"样子"，用几个关键词记录下来——红色、长尾巴、大眼睛。接着，指导孩子连词成句，也就是尽量用上记录的关键词来说一两句话，比如，这是两条红色的小金鱼，它们的尾巴长长的，在水里一摇一摆。它们还长着两只圆溜溜的大眼睛。这样，通过反复训练，孩子们才能掌握从观察记录到连词成句的方法。

四、鼓励多形式个性化表达

虽然低年段孩子的书面表达能力有限，但通过阅读他们接触到了丰富的文本形式，如童话故事、童谣、儿歌、叙事性文章、说明性文章等。当然，学生的阅读能力与书面表达能力不是同步发展的，书面表达能力要远远落后于阅读能力，这也就意味着能读懂的文本形式不一定能写。但孩子的潜能往往出乎我们的意料。所以，低年段孩子并不是只停留在写话的水平，他们也能创作儿童诗、童话，甚至写说明性的文本。比如，观察小金鱼后，我们可以让孩子用"图+文"的形式来介绍小金鱼，还可以写成"一句话"观察日记，甚至可以尝试写儿童诗。因此，我们要鼓励孩子在观察的基础上进行多形式的表达。

总之，写作来源于生活，我们要从低年级开始引导孩子观察周边的事物，养成良好的观察习惯，提高孩子的观察与表达能力。

深圳市龙岗区教师发展中心　龙咏梅

一、分级目标

一年级下学期	二年级上学期	二年级下学期
1. 能用不同方法观察自己感兴趣的小动物或植物。 2. 能写简单的"一句话"观察日记或用"图＋文"的形式写绘本日记。	1. 选择学生感兴趣而且结构简单的动植物进行观察，指导学生用不同的形式表达，如写一两段话，写简单的观察日记、绘本日记、儿歌或童谣等。 2. 按顺序用一两段话向别人介绍自己的玩具，写清楚玩具的样子和玩法。	1. 观察身边的人，抓住人物外貌特点来介绍，并能用简单的事例来说明。 2. 观察周边事物，从不同角度提出问题，并按顺序表达。 3. 观察周边事物，用看、听、摸、闻等方法进行观察，并用关键词记录观察结果；借助关键词进行"连词成句"和"连句成段"；尝试用连续性观察日记、童话故事等形式表达。

二、教学示意图

观察对象及方法	观察角度	表达形式
小金鱼（看；想）	外形（形状—颜色）、活动	绘本日记 观察日记 童话故事 儿歌 童谣
小狗（看、听；想）	外形（形状—颜色）、声音、活动	
仙人掌（看、摸、闻；想）	外形（形状—颜色）、气味、触感	
香蕉（看、摸、闻、尝；想）	外形（形状—颜色）、味道、口感	
玩具（看、摸、玩；想）	外形—结构—操作	
人物（多角度观察）	外貌—性格—爱好	

看（样子）
红色
鼓眼睛
长尾巴

看（活动）
游来游去

小金鱼

想
小金鱼怎么睡觉？……

小金鱼
4月20日　星期一　晴
　　这是两条红色的小金鱼，它们鼓着一双大眼睛，尾巴长长的，真漂亮！小金鱼在水里开心地游来游去。小金鱼，小金鱼，我也想像你们那样在水里自由自在地游泳，不用去上学。我还知道你们是怎么在水里睡觉的。

第 24 课　学观察，写动物

——《小金鱼》教学案例（A）

深圳市龙岗区平安里学校　商丽颖

【教学内容】补充教材观察写话《小金鱼》

【教学目标】

（1）运用"五感观察法"，学习从整体到部分观察事物。

（2）掌握观察动物的基本方法，即从"外形"到"生活习性"。

（3）能用通顺、完整的句子表达，写话时能正确使用标点符号，尝试恰当地使用动词、形容词。

【教学重难点】学习整体观察事物的方法，并用完整、通顺的句子表达。

【适用年级】一年级下学期

【教学准备】小金鱼或小金鱼的视频、图片，课件，作业单

【教学时长】40 分钟

【教学流程】

一、游戏导入：猜一猜

师：小朋友们，请认真听，然后猜一猜今天是谁来到我们的课堂上陪伴大家一起学习呢。它是一种小动物，生活在水中。

生：乌龟、螃蟹、小鱼、青蛙……

师：恭喜猜对的小朋友，就是小金鱼。今天我们就来学习观察小金鱼。

二、指导观察样子

（1）播放视频，指导学生观察与表达。

师：让我们一起看着视频，想象我们一起围到水池边上，好好看看小金鱼，然后请说说这是两条什么样的小金鱼。

生：这是两条红色的小金鱼。

师：这位小朋友注意到了小金鱼的颜色。

生：这是两条可爱的小金鱼。

师：你说出了小金鱼给你的第一印象。谁还能接着介绍小金鱼的样子？

生：小金鱼的尾巴真好看。

生：小金鱼的眼睛圆鼓鼓的。

师：这两位同学关注到了小金鱼的眼睛和尾巴，这是小金鱼最有特点的地方，他们观察得真仔细！

[设计意图："观察样子"这个环节，第一句话用填空的方式旨在通过教学支架引导学生按照从整体到局部的顺序观察事物。体验粗略地看，发现事物最主要的特点，关注到颜色和身体的大致特点即可。]

（2）把句子连起来说。

师：你能试着把这两句话连起来说吗？

例①：这是两条红色的小金鱼。

例②：小金鱼的尾巴真漂亮！

生：这是两条红色的小金鱼，它们的尾巴真漂亮！

[设计意图：低年级的孩子说的能力强于写的能力，因此，可以通过"把两个句子连起来说"的方式来培养学生的语感，"说一说"的过程也是整理思维的过程，为书面表达作准备]

（3）写小金鱼的"样子"。

师：请小朋友们把刚才说的句子写下来吧，要是能写得跟别人不一样可以得两颗星哦。

（4）学生练习写话。

三、指导观察活动

（1）看一看，说一说。

师：请同学们继续和老师一起来看小金鱼。看看它们的小嘴和尾巴的动作。现在谁来说说小金鱼在干什么呢？

生：小金鱼在水里游来游去。

生：小金鱼快活地在水里游来游去。

师："快活"这个词表现了小金鱼游动的样子，用得真好！谁能用上"一边……一边……"的句式说一说？

生：小金鱼一边甩着尾巴，一边吐着泡泡。

师：谁还能用不一样的句式说？

生：两条小金鱼一会儿自己玩，一会儿追着别人。

师：瞧，他用上了"一会儿……一会儿……"的句式，把小金鱼活动的情景描写得生动又形象。

[设计意图："观察活动"这个环节重在引导学生结合平时的积累进行表达。让他们有意识地使用积累的形容词和句式等，让表达更丰富多样，个性化表达训练也蕴含其中。如果学生的表达形式比较单一，教师也可以示范或提问引导。]

（2）写小金鱼的"活动"。

师：请把你们说的句子写下来吧。

（3）学生练习写话。

（4）教师点评。

四、引导想象

（1）引导想象。

师：看着这么可爱的小金鱼，你想到什么呢？是问它们问题呢，还是和它们说说话？

生：小金鱼，你在水里怎么睡觉的呀？

师：这位同学用了提问题的方式来表达自己的想法，很棒！

生：我想跟小金鱼一起游泳。

生：小金鱼，我想跟你比赛吹泡泡。

生：小金鱼，你扭着尾巴是在和我撒娇吗？

师：这几个小朋友用说话聊天的方式表达自己的想法，真不错！

（2）写自己的想法。

师：请大家把自己的想法用句子写下来吧。

（3）教师示范例句，但鼓励孩子写得跟老师不一样。

例①：小金鱼，你怎么在水里睡觉的？

例②：小金鱼，你跟我们一起玩吧。

（4）学生练习写话。

[设计意图：在观察的同时，我们头脑中还会出现各种各样的想法。因此用"想一想"这个环节引导学生展开联想或合理的想象，多角度表达自己的想法。]

五、学法总结

（1）回顾观察方法。

师：小朋友们，通过这节课的学习，你们一定发现了在观察的时候，我们可以用眼睛来看：看一看小金鱼的样子，看它们在水里是怎么活动的，也就是它们在水里干什么。除了看，我们还可以想，想一想问它们什么问题，想一想和它们说点儿什么。把看到的、想到的说出来、写出来就叫作表达。

（2）朗读学生作品。

师：下面让我们一起来读一读同学们写的句子吧。

[设计意图：分别出示描写小金鱼样子、活动和自己想法的句子，可以让学生整体感受观察与表达的方法，建立表达的思维框架。如果有些同学用上了句号、问号、叹号，老师可以随机表扬，让孩子从小就知道标点符号的作用，引导他们有意识地正确使用标点。]

六、儿歌余韵

（1）跟着老师读一读下面的儿歌。

> 一条小鱼水里游，孤孤单单在发愁。
>
> 两条小鱼水里游，摇摇尾巴碰碰头。
>
> 三条小鱼水里游，快快活活做朋友。

（2）鼓励学生尝试创编儿歌。

附

板书设计

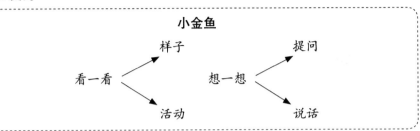

作业单设计

　　小朋友，你喜欢刚才观察的那两条小金鱼吗？如果你能把它们写下来，让其他小朋友读一读你的"小金鱼"，相信它们会有更多的"观众"哦！拿起你的笔来写一写吧，你笔下的小金鱼一定很可爱！

一、写样子（★★）

　　例：这是两条红色的小金鱼。

二、写活动（★★）

　　例：小金鱼在水里游来游去。

三、写想法（★★）

例：小金鱼，你跟我们一起玩吧。

学生习作

小金鱼

深圳市龙岗区平安里学校一（5）班　黄靖轩

这是两条红色的小金鱼，它们的尾巴真漂亮！一条小鱼的眼睛是突出来的，身体胖胖的、圆圆的。另一条小鱼的眼睛是缩进去的，身体瘦瘦的、长长的。

小金鱼在水里游来游去。

小金鱼，为什么你的眼睛永远都闭不上？

小金鱼，你太可爱了！

教师点评：虽然这是一年级小朋友的作品，但表达思维清晰，很有特色。第一句话就是通顺的长句子，写出了小金鱼给人的整体印象。接下来他不仅使用了形容词，而且这些形容词还是叠音词，读起来朗朗上口，可见他能够把平时积累的词语运用到写话中，学以致用。同时他的表达很对称，比如"突出来""胖胖的"对"缩进去""瘦瘦的"。两组对称词不仅写出了两条小金鱼眼睛的不同特点，而且让人感受到节奏美。头脑中想的不仅有疑问，还有赞叹，又巧妙地总结了小金鱼的整体特点。让读者眼前很容易浮现出一个可爱的小孩儿仔细地观察着小金鱼的画面。

第 25 课　学观察，写植物

——《鸿运当头》教学案例（A）

深圳市龙岗区平安里学校　商丽颖

【**教学内容**】补充教材观察写话《鸿运当头》

【**教学目标**】

（1）运用"五感观察法"，学习从不同角度观察事物，并在观察的基础上展开联想或想象等。

（2）能用通顺、完整的句子表达，写话时能正确使用标点符号，尝试恰当地使用动词、形容词。

【**教学重难点**】学习从不同角度观察植物，并用完整、通顺的句子进行表达。

【**适用年级**】一年级下学期

【**教学准备**】鸿运当头的实物、照片或视频，课件，作业单

【**教学时长**】40 分钟

【**教学流程**】

一、导入新课

师：上节课我们的特约嘉宾是小金鱼，小朋友们跟着老师学会了观察小金鱼，那这节课的嘉宾会是谁呢？老师给你们一点儿提示：它是一种植物，长在花盆中。身着碧绿千层裙，头戴红色花一朵。

生：是鸡冠花。

师：老师揭晓答案，它是鸿运当头。这个"鸿"和你想到的"红"不一样吧，"鸿运"的意思是大好的运气。今天我们就来观察植物鸿运当头。

二、观察颜色和形状

（1）展示鸿运当头。

（2）引导说句子。

师：现在让我们一起来看一看鸿运当头长什么样。

生：鸿运当头的花红红的，叶子绿绿的。

师：这位同学观察到了鸿运当头花和叶的颜色。

生：鸿运当头下面的叶子绿，上面的叶子红。

师：这位同学也观察到了鸿运当头花和叶的颜色，但与刚才的同学说的顺序不同。他先说叶，再说花。还有谁能说得跟别人不一样？

生：鸿运当头的叶子长长的，绿绿的。

师：这位同学注意到了叶的形状和颜色，把叶子说得很清楚。

生：鸿运当头的花瓣尖尖的，红红的。

师：这位同学受到启发，注意到了花的形状和颜色。

[设计意图：这个环节尽可能让学生从颜色、形状的角度去介绍。如果学生打不开思路或用词不丰富，老师可以提供一些词语，如叠音词"红红的""绿绿的""长长的""尖尖的"……这也是给学生提供写作支架，起到启发引导的作用。]

（3）写句子。

师：请把刚才自己说的句子写下来吧。

（4）教师示范：鸿运当头的叶子绿绿的，花红红的。

（5）学生练习写话。

三、摸一摸，闻一闻

师：你看，这鸿运当头长得多旺盛啊！让我们来摸一摸这油亮亮的叶子，闻一闻这红艳艳的花。

（1）说一说。

师：谁能用句子说一说摸到的鸿运当头？

生：鸿运当头的叶子硬硬的。

生：鸿运当头的叶子很光滑，像滑梯一样。

师：那闻起来什么味道？谁能用句子说一说？

生：鸿运当头的花一点儿都不香。

生：鸿运当头是一种没有香味的花。

（2）连起来说。

师：你能试着把摸到的和闻到的鸿运当头用一个长句子说一说吗？

生：鸿运当头的叶子硬硬的，它的花一点儿都不香。

师：说得很通顺。

（3）写句子。

师：请大家把刚才自己说的句子写下来吧。

（4）教师点评。

四、想一想

（1）说句子。

师：看着这么漂亮的鸿运当头，你想到什么呢？刚才有个小朋友说，鸿运当头下面的叶子绿，上面的叶子红。你有什么问题提出来呢？

生：鸿运当头上面红色的部分到底是叶还是花呢？

生：它为什么叫鸿运当头呢？

师：还有什么其他想法吗？

生：我想养一盆鸿运当头来观察。

生：我想买一盆鸿运当头送给奶奶，她肯定会喜欢。

[设计意图：这个环节是为了巩固之前学习的多角度表达想法，可以提问，可以联系生活表达想法。]

（2）写句子。

（3）教师点评。

五、学法总结

（1）回顾观察方法。

师：这节课我们一起观察了植物鸿运当头。让我们一起回顾一下，我们用了哪些方法观察植物呢？我们可以用眼睛来看——看鸿运当头的颜色，看它的形状。我们还可以用小手来摸——摸一摸它是软的还是硬的，是粗糙的还是光滑的。然后还可以用鼻子闻——闻一闻它的味道。"摸一摸"和"闻一闻"是我们今天学习的新的观察方法。介绍植物的时候我们也不要忘记用小脑袋想哦，想一想自己有什么问题提出来，也可以联系生活想一想。

（2）朗读学生作品。

师：下面让我们读一读大家写的句子吧。

五、儿歌余韵

一朵红花头上戴，

层层绿裙展风采，

鸿运当头喜气来，

寓意美好人人爱。

板书设计

鸿运当头

看　摸　闻　想

作业单设计

小朋友，请写一写你观察到的鸿运当头吧。相信你笔下的鸿运当头一定惹人喜爱！

一、看一看（★★）

例：鸿运当头的叶子绿绿的，花红红的。

二、摸一摸，闻一闻（★★★）

例：鸿运当头的叶子硬硬的，它的花一点儿都不香。

三、想一想（★★★）

例：我想知道它为什么叫鸿运当头。我也想养一盆鸿运当头来观察。

学生习作

鸿运当头

深圳市龙岗区平安里学校一（5）班　张思宸

鸿运当头下面的叶子绿绿的，上面的花红红的、尖尖的。

鸿运当头的叶子摸起来硬邦邦的。它虽然美丽，但是闻起来一点儿都不香，没有味道。

为什么它叫鸿运当头呢？老师说它可以带来好运。

我也想买一盆鸿运当头。

教师点评：这位同学按照看到的、摸到的、闻到的、想到的顺序抓住鸿运当头的特点进行描写。几句话中运用了大量的形容词、叠音词，读起来富有节奏感。最值得称赞的是他对味道的描写，不仅用上了关联词，还用"没有味道"强调"一点儿都不香"。小朋友观察细致，用词准确，描写生动，这是状物类文章最突出的特点。

第 26 课　学观察，写日记

——《小金鱼》教学案例（B）

深圳市龙岗区平安里学校　商丽颖

【**教学内容**】补充教材观察写话《小金鱼》

【**教学目标**】

（1）运用"五感观察法"，学习从整体到部分抓住事物的主要特点进行观察。

（2）学习用"关键词"记录观察结果，并借助"关键词"进行"连词成句，连句成段"。

（3）学习日记的基本格式，能用一两段通顺的话记录观察的结果，在写话中尝试运用比喻、拟人等修辞。

【**教学重难点**】能写一两段通顺的话介绍小金鱼。

【**适用年级**】二年级上学期

【**教学准备**】小金鱼或小金鱼的视频、图片，课件，作业单

【**教学时长**】40 分钟

【**教学流程**】

一、激趣导入

师：小朋友们，请猜一猜今天是谁来到我们的课堂陪伴大家一起学习呢？老师给你们出一个谜语：远看水里一朵花，近看有头有尾巴。色彩绚丽人人爱，缸里常玩过家家。

生：金鱼。

师：对。今天我们就来观察和介绍小金鱼，并且用日记的形式记录下来。请同学们像老师这样，在第一行中间写上今天的日期、星期和天气。

教师示范格式。

二、回忆观察方法

师：谁还记得我们是怎么观察小动物的？先填一填圆圈图，然后我们再来交流。

生：看小金鱼的样子和它是怎么活动的。

生：还可以提问。

师：除了提问，还可以夸夸它，跟它说说心里话哦！

三、指导观察小金鱼的样子

（1）出示视频，指导观察。

师：我们可以从哪些方面来观察小金鱼的样子呢？

生：看它们的颜色。

生：还可以看它们的眼睛、尾巴。

生：还有它们的肚子。

师：这几位同学说得很对，那我们就一起来试一试吧。你们能用几个词语来说说小金鱼的特点吗？比如：小金鱼的颜色是红色，我们把"红色"这个词语记住。（板书：红色）谁接着说？

生：小金鱼长着一双圆鼓鼓的眼睛，它的尾巴很长。（师板书：圆鼓鼓、长尾巴）

师：你发现了小金鱼眼睛的特点，"圆鼓鼓"这个词很恰当。

生：小金鱼的尾巴像花瓣。

师：他不仅说出了小金鱼尾巴的特点，而且还把尾巴比喻成花瓣，多么生动形象啊！谁还能说得跟别人不一样吗？

[设计意图：一年级我们从整体上粗略地观察过小金鱼，用句子表达即可。二年级开始运用观察方法观察事物，并学习用"关键词"记录信息，借助"关键词"可以帮助学生形成句群逻辑，为写段作准备。]

（2）连词成句，说语段。

师：大家都发现了小金鱼的特点。谁能结合同学们的发言，完整地说一说小金鱼的样子？

生：小金鱼真漂亮！它们的眼睛圆鼓鼓的，身子红红的，尾巴像花瓣。

师：他把小金鱼的颜色、眼睛、尾巴的特点都说清楚了。

生：小金鱼颜色红红的。它们长着一双圆鼓鼓的眼睛，尾巴像花瓣一样，真漂亮！

师：大家看，第一位同学先说对小金鱼总的印象"真漂亮"，然后按眼睛、身子、尾巴的顺序介绍。第二位同学先说颜色，再说有特点的部位眼睛和尾巴，最后说对小金鱼的整体印象"真漂亮"。他们说得都很好。谁还能说得跟别人不一样吗？

[设计意图：在老师的指导下，二年级学生要学会抓住事物特点，观察更细致，表达更具体，老师要关注学生的用词和表达方式。"观察样子"环节，从散乱的句子表达到把短句连成句群，帮助学生建立有序表达，段落的起点教学就体现在这个环节中。]

（3）用一两段话写样子。

师：请小朋友用2～3句话写一写小金鱼的样子吧。

（4）学生练习写话。

（5）教师点评。

[设计意图：二年级与一年级的写句子不同，这时要求写句群，也就是写简单的段落了。教学中发现，很多老师在一年级时就开始让学生分段写话，虽然每段话只有一句话，但培养了学生的结构意识；到了二年级，可以让学生用一段话简单介绍小金鱼，也可以让学生把看到的、想到的分成两段话来写，还可以按样子、活动、想法的结构写三段话。重点是要求学生能够用至少两三句话写一个自然段。这样学生的表达才能慢慢达到有条理、具体生动。]

四、指导观察小金鱼的活动

（1）一边观察，一边表达。

师：请同学们继续和老师一起来看小金鱼。它们在干什么呢？现在谁来说说小金鱼在干什么呢？

生：小金鱼在水里自由自在地游着。

师："自由自在"这个词用得好。

生：小金鱼在水里欢快地游来游去。

师："欢快"这个词把小金鱼的心情都表达出来了，观察仔细，说得很生动。

师：谁能用上"一边……一边……"或"一会儿……一会儿……"的句式说一说小金鱼在干什么呢？

生：小金鱼在水池中一边甩着尾巴到处游，一边吐着泡泡。

生：两条小金鱼一会儿自己玩，一会儿追着别人。

师：这两个句式把小金鱼的活动介绍得很具体。"甩、吐、追"这些动词用得多传神呀！

（2）写一写小金鱼的活动。

师：请你把小金鱼的活动写下来，尽量写得跟别人不一样。

（3）教师点评。

师：现在看看你写的句子用上标点符号了吗？

[设计意图："观察活动"这个环节不再强调用2～3句话表达了，这是为了照顾到中下层的学生。已经有段落意识的学生会问老师是否分段写，老师的回答最好是建议式的，如"你觉得自己介绍它们的活动时能写出2～3句话就单独分一个自然段，如果你觉得只能写出一句话就接着刚才的样子写也行"。]

五、指导想象，引发思考

师：看着这么可爱的小金鱼，你想到什么呢？

生：小金鱼，你为什么能在水里睡觉呢？

师：你说出了心中的疑问，想了解有关金鱼的知识对吗？

生：小金鱼，你扭着尾巴一摆一摆的，是不是在展示你的舞蹈呀？

师："扭着尾巴""展示舞蹈"这些词让人感觉小金鱼真是太可爱了。现在，请大家把自己的想法写下来吧。

[设计意图：这里的引导方式与写活动时相似。学生也有可能问是否要分段表达。这时仍要给出不同的建议，可以让他们接着上面的内容写，用一段话简单介绍小金鱼，也可以把看到的、想到的分成两段话写，还可以根据样子、活动、想法的顺序写三段话。即使分段的问题学生把握不好也没关系，可以在批改和讲评的过程中针对学生的作品进行具体的指导。这样每个层次的孩子都有成就感。完成一段话，就达到基本要求了。能分成两段写，已经具备结构意识了。能分成三段写具体，那就更优秀了。本课要特别注意分层教学的落实。]

六、学法总结

师：刚才我们观察了小金鱼的样子和活动，看着可爱的小金鱼大家有很多有趣的想法。同学们的句子都写得完整、通顺，有些同学的用词还很生动，为你们点赞。我们已经能够用 2～3 句话，甚至更多句子写自然段了。你们越来越了不起了！老师现在和大家一起回顾一下写自然段的方法。大家读读这三句话——

> 这是两条红色的小金鱼。
> 小金鱼在水里自由自在地游着。
> 小金鱼，来跟我们一起玩吧。

师：再来读读老师将它们变成的自然段。

> 这是两条红色的小金鱼，它们在水里自由自在地游着。小金鱼，来跟我们一起玩吧，我们来玩吹泡泡。

师：你发现了什么？
生：把几句话变成自然段的时候要改一改，读起来更通顺。
师：是的，为了避免反复出现"小金鱼"，就把后面的"小金鱼"改成"它们"，这样读起来更顺畅。这段话把小金鱼的样子、活动和想法都写出来了。再读读下面这个自然段。

> 这是两条红色的小金鱼，看起来非常可爱！它们甩着尾巴，在水里自由自在地游着。可是，小金鱼，只有你们两个多无聊呀，来跟我们一起玩好吗？我们一起比赛吹泡泡，看谁吹得多，吹得大！我猜你们肯定会输的，我吹的泡泡又大又多，一串一串，会飞上天。

师：你又发现了什么？
生：这段话更长了，更生动。
生：这段话用"可是"把"我"的想法和前面的句子连起来了，很顺口。
师：看来你们发现把几句话变成一段话的秘密了！使用"它们""可是"这样的连接词，尽可能把看到的和想到的写具体，这就是写自然段的方法。不管我们写得长还是短，都是按照"样子—活动—想法"这样的顺序写的。其实我们观察的顺序就是表达的顺序。

[设计意图：学写自然段是二年级的写话重点，每一节课都应指导、强化训练。首先让学生从视觉上感受句子变成段落要空两格，用上代词或连接词可以让表达通顺。然后引导学生发现，把小金鱼的样子、活动、想法按顺序写下来就可以组成一段话了。第二个例段是为了引导学生写得更具体，更有画面感。最后要强调观察的顺序就是表达的顺序，这有助于学生建立结构思维，为分段写作准备。]

七、练习建议

可以再安排1～2课时巩固练习，用相同的方法引导孩子观察兔子、乌龟等小动物，然后说一说，写一写，巩固学法。这样就实现了学、练、用——教、扶、放的分层教学，最终让学生充分掌握观察方法，形成表达思维。

板书设计

小金鱼

样　子：红色　眼睛圆鼓鼓　长尾巴　像……

活　动：一会儿……一会儿……　自由自在

想一想：提问　聊天

作业单设计

小朋友，你喜欢刚才观察过的那两条小金鱼吗？拿起你的笔来写一写吧，你笔下的小金鱼一定很可爱！

一、填一填（★★）

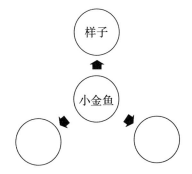

样子

小金鱼

二、写一写（★★★★）

请把你观察到的、想到的写下来，要写得跟老师不一样哦！

例：这是两条红色的小金鱼。它们的眼睛圆鼓鼓地突出来，看起来有点可怕！小金鱼甩着长尾巴在水里开心地游来游去，就像水中绽开一朵大红花。

学生习作

小金鱼

深圳市龙岗区平安里学校二（1）班　赖凯熠

2020 年 6 月 17 日　星期三　晴

　　水池里有两条小金鱼，它们一胖一瘦，眼睛大大的像水晶球，尾巴像一把火红的剪刀，远远看去它们像在水中游动的一团火苗。它们一会儿吐泡泡，一会儿吃鱼食，一会儿转圈圈，你追我赶，就像两道火红的闪电……

你看，小金鱼每天都很自由，而我每天要上学，如果我是一条金鱼，那该多好哇！

教师点评：赖凯熠小朋友日记格式书写正确，抓住了小金鱼的主要特点进行观察，围绕小金鱼的眼睛、尾巴、动作进行描写。看到的、想到的各成一段，结构清晰。数量词、形容词、比喻、拟人的修辞都运用得恰到好处。"一胖一瘦""大大的像水晶球""火红的剪刀""水中游动的一团火苗"，把小金鱼描写得生动传神。"像……像……像……就像……""一会儿……一会儿……一会儿……"这两种句式让文章富于对称美和节奏美，也让描写更具体，更生动。

第 27 课　学观察，写日记

——《鸿运当头》教学案例（B）

深圳市龙岗区平安里学校　商丽颖

【**教学内容**】补充教材观察写话《鸿运当头》

【**教学目标**】

（1）运用"五感观察法"，学习从整体到部分抓住事物的主要特点进行观察。

（2）学习用"关键词"记录观察结果，并借助"关键词"进行"连词成句，连句成段"。

（3）巩固学习日记的基本格式，用一两段通顺的话记录观察的结果，在写话中尝试运用比喻、拟人等修辞。

【**教学重难点**】抓住事物特点并按照一定的顺序进行观察，能写一两段通顺的话。

【**适用年级**】二年级上学期

【**教学准备**】鸿运当头的实物、照片或视频，课件，作业单

【**教学时长**】40 分钟

【**教学流程**】

一、展示实物，情境导入

（可以根据实际情况，课前提前安排观察活动者带一盆鸿运当头进课堂。）

师：小朋友们，今天我们继续用日记的形式写话。请在第一行中间写上今天的日期、星期和天气。

教师示范格式。

师：看，是最常用的观察方法，让我们先来看一看鸿运当头吧。我们可以从哪些方面看呢？

生：颜色、形状、大小。

师：那就请大家从颜色、形状、大小几方面说一说你们看到的鸿运当头吧。

生：鸿运当头上面的花火红火红的，下面的绿叶一层一层的。

师：这位同学观察到了鸿运当头的颜色，"一层一层"说出了叶子的特点。

生：鸿运当头的花瓣红红的、尖尖的，有很多层。

师：他观察到了花瓣的颜色和形状。

生：鸿运当头的叶子细细的、长长的，像滑梯。

师：你不仅观察到了叶子的形状，还把它们比喻成滑梯，观察仔细，表达形象。你还能说得跟别人不一样吗？

生：鸿运当头上面是红色的小花，下面的叶子像绿色的大花。

师：这位同学不仅说出了鸿运当头的颜色，而且说出了花和叶的大小不同。

生：鸿运当头的花像个五角星，叶子像展开的扇子。

师：这位同学比喻用得多恰当呀！

生：鸿运当头红艳艳的花躺在层层叠叠的绿叶上。

师：这个"躺"字用得真好！把花当成人来写，多形象、多有趣呀！

[设计意图：看，是最常用的观察方法，因此要给足时间让学生把看到的说清楚，说具体，而且尽可能说得生动形象。在课堂上如果学生不能说出生动形象的比喻句，老师可以设计教学支架，适当提示：花像什么，叶像什么，看起来像什么……然后示范一个拟人句，这样有助于学生打开思路，让表达更丰富。还可以提供一些词语，引发学生更积极地运用自己的积累。]

二、体会观察角度和顺序

师：咱们的课堂嘉宾乐乐听到同学们的发言这么精彩，他想和大家玩一个游戏，考考大家的眼力如何。

乐乐：请问这几张照片分别是站在花的什么方位看的呢？（出示不同角度的照片）

生：是从花的面前看，从高处往下看。

师：是的，站在不同的地方看到的花和叶子不一样。乐乐还有话要对小朋友们说，请来听一听吧。

乐乐：大家你一句，他一句，一会儿说花，一会儿说叶，我有点儿听不明白，你们能按顺序说一说吗？

生：鸿运当头的花瓣红红的、尖尖的，有很多层。它的叶子细细的、长长的，像滑梯。

生：鸿运当头上面是红色的小花，下面的叶子像绿色的大花。换个位置看，它的花像个五角星，叶子像展开的扇子。

[设计意图：二年级上学期学生还不明白观察的角度不同，观察的结果也不同。这时老师用情境游戏的方式让孩子去了解比单纯地告知要有趣得多。]

三、分步指导写作

（1）写"开头"。

师：小朋友，请记住每段开头要空两格。你可以用老师提供的开头，也可以自己想一个。

（2）教师出示三个开头供学生选择。

①鸿运当头真漂亮呀！
②鸿运当头是我见过的最特别的花了。
③我家养了一盆鸿运当头。

[设计意图：这里老师提供开头供学生选择可以降低难度，同时也鼓励学生按自己的想法来写。]

师：请大家用2～3句话写一写鸿运当头的样子吧。

（3）学生练习写话。

（4）教师点评。

师：同学们真棒，现在我们能从不同的角度来介绍鸿运当头了。而且你们还能按一定的顺序来描写。

[设计意图：二年级的重点是学习写段，要重视段落中句子的层次。本次写话，既可以写成一段话，也可以把观察到的和想到的各写成一段。我们可以让学生根据自己的实际情况自主选择。]

四、摸一摸，闻一闻

（1）用不同方法进一步观察。

师：你看，这鸿运当头长得多旺盛啊！让我们来摸一摸这油亮亮的叶子，闻一闻这红艳艳的花。

师：你能试着说一说摸的感觉和闻到的气味吗？请先把词语填在作业单的方框中。

生：鸿运当头的叶子硬硬的。

生：鸿运当头的叶子很光滑，像滑梯一样。

生：鸿运当头是一种没有香味的花。

师：试着用一两句话写下来。可以接着刚才的写，也可以单独写成一段。

（2）学生练习写话。

[设计意图：我们强调让学生用长句子描写的目的是让他们注意句与句之间的连接与过渡，也在暗示学生尽可能观察细致、描写具体。]

五、联想与想象

师：看着这么漂亮的鸿运当头，你想到什么呢？请先把词语填在作业单的方框中。

（1）说一说。

生：它为什么叫鸿运当头呢？

生：我想养一盆鸿运当头来观察。

生：过春节的时候，我要买一盆鸿运当头送给奶奶。

师：如果你知道一些关于鸿运当头有趣的问题和答案，说出来就更好了。

[设计意图：这个环节是为了巩固之前学习的观察与表达的方法。让学生建立表达思维和写作结构，不仅要写观察到的，还要写联想或想象的内容。]

（2）写一写。

师：请把你的想法写下来吧。如果你刚才把看到的、摸到的、闻到的写在了一个自然段，你可以接着上面的内容写，也可以把想到的内容单独写成一个自然段。如果你刚才已经分成了两段或者三段写，你可以把想到的单独写成一个自然段。

（3）学生练习写话。

六、学法总结

师：我们在观察植物的时候可以按照一定的顺序来观察。今天我们观察鸿运当头时，先远看，再近看；先整体看，再仔细看局部的花和叶子。有的同学从上往下看，有的同学从下往上看。观察的时候，我们还可以用手去摸一摸，用鼻子闻一闻。今天，我们就是先介绍看到的样子，再写摸到的、闻到的和想到的内容。如果我们能从不同的角度进一步观察和描写，会把事物介绍得更清楚。下面让我们一起读读同学们写的鸿运当头吧。

[设计意图：我们应该引导学生发现：观察是有一定顺序的，表达也应该按一定的顺序。]

板书设计

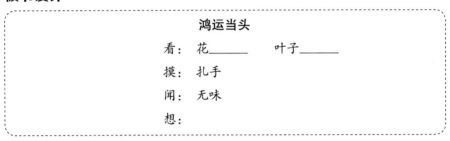

鸿运当头

看：花_____　　叶子_____

摸：扎手

闻：无味

想：

作业单设计

小朋友，你能把刚才观察过的鸿运当头介绍给其他小朋友吗？把你发现的秘密和问题写清楚。拿起你的笔来写一写吧！

一、填一填（★★）

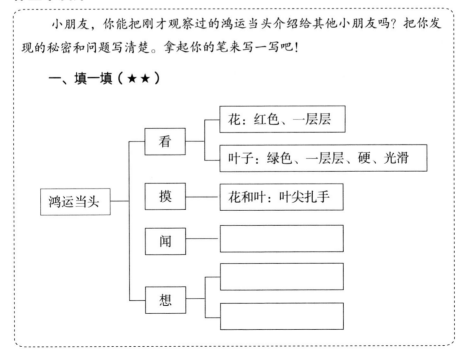

二、写一写（★★★★）

请把你看到的、想到的写下来，要写得跟老师不一样哦！

例：鸿运当头的叶子是绿色的，一层一层地向四周展开，你用手摸一摸，感觉硬硬的但很光滑，像小蚂蚁的滑梯。它的花闻起来没有香味。

学生习作

鸿运当头

深圳市龙岗区平安里学校二（1）班　王子嘉

2020 年 6 月 30 日　星期二　晴

今天，陈老师带着我们去看花。我们看到了一种红彤彤的花，它的名字叫鸿运当头。鸿运当头真漂亮，头上顶着朵小红花，红艳艳的，真好看！下面的叶子碧绿碧绿的，好像一位翩翩起舞的仙女。

我闻了闻这朵花，一点儿气味也没有。摸一摸，它硬硬的，身上还带有一点儿刺。

我看着这朵鸿运当头，想起了过年的时候，家家户户都会放的歌《好运来》，因为鸿运当头是预示着好运的花。我喜欢鸿运当头。

教师点评：王子嘉小朋友选择了以日记的方式来描写鸿运当头，清晰的结构和生动的描写让日记的内容充实。我们可以看到他的观察顺序是从整体到局部，先粗略地看，再细致地观察，恰当地使用形容词和比喻修辞，把鸿运当头的特点写得很具体。最后一段结合花名展开联想也很有特色，值得同学们借鉴。

第28课 学观察，写玩具
——《我喜爱的玩具》教学案例

深圳市龙岗区兰著学校 龙南

【教学内容】统编教材二年级上册第三单元《我喜爱的玩具》

【教学目标】

（1）学习掌握物品观察的基本方法，能借助句式清楚表达玩具的玩法。

（2）尝试分段表达，并按一定顺序有条理地介绍物品。

【教学重难点】学会有条理地介绍玩具，清楚表达玩具的玩法。

【适用年级】二年级上学期

【教学准备】

（1）课件、作业单。

（2）每位学生带一个自己喜欢的玩具（不带大型玩具）。

【教学时长】40分钟

【教学流程】

一、创设情境，谈话导入

师：今天，同学们都带来了自己喜爱的玩具，教室里变成了一个玩具的乐园。我们将举办一场"最受欢迎的玩具"评选活动，通过大家的介绍，看看谁的玩具在我们班最受欢迎。

（1）板书课题：我喜爱的玩具。

（2）讨论如何介绍玩具。

师：同学们想一想，介绍自己玩具的时候，你们觉得哪些内容一定要介绍清楚？你们会怎么介绍呢？

生：我会介绍它的眼睛，因为它的眼睛又大又漂亮。

师：你是在介绍它的样子对吧？好，也想介绍样子的同学可以先把手放下。（板书：样子）

生：我的玩具特别好玩，我要告诉大家怎么玩。

师：这是介绍玩法，跟他想法一样的同学们也可以把手放下了。（板书：玩法）

生：我的玩具还有一个特别酷的名字，叫"旋风超人"。

师：看来你是真喜欢它，瞧你说它名字时的高兴劲儿。（板书：名字）

生：我可以告诉大家这个玩具是谁送给我的吗？

师：当然可以了，玩具是怎么来到我们身边的，这也很重要。（板书：来历）

（3）小结：今天，我们从来历、名字、样子、玩法等方面来介绍自己的玩具。

（4）出示思维导图。

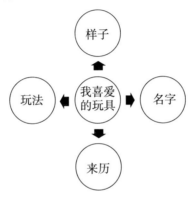

［设计意图：课程标准中提出学生写话的目标是"对写话有兴趣""写自己想说的话"，而说是写的前提，因此我通过创设一次评选活动，激发了学生的表达兴趣，并在学生的交流中，生成了本次写话的具体内容。］

二、分步指导，分段表述

（一）介绍玩具的名字和来历

师：刚才我们已经交流了从哪些方面来介绍自己的玩具。现在，谁能说一说这个玩具是怎么来到你身边的？

（1）说说玩具的名字和来历。

生：我的玩具是在超市买的。

生：这个布娃娃是今年生日的时候，妈妈送给我的礼物。

师：你有给它取名字吗？

生：有，它的名字叫艾莎。

师：你能连起来说一句完整的话吗？

生：我有一个布娃娃，它的名字叫艾莎，是我今年生日的时候，妈妈送给我的生日礼物。

师：特别棒！简洁流畅地介绍了玩具的来历和名字。谁再来试一试？可以说得跟他不一样哦。

生：我最喜爱的玩具是一辆小汽车，它是六一儿童节时老师送给我的，我很喜欢它。

师：你也说得很流畅，不但说了来历，还说了你对它的喜爱。现在请同学们照着他们的样子，互相说一说自己玩具的来历或名字吧。

（2）出示写作提示。

师：同学们说得都很好，现在试着来写一写吧。请看屏幕：你喜爱的玩具有名字吗？它是怎么来到你身边的？请在作业单上写下来，如果碰到不会写的字可以用拼音代替。注意每段开头要空两格哦！

（3）学生写第一自然段，教师巡视指导。

（4）作业展示与点评。

（二）介绍玩具的样子

（1）邀请一名学生上台介绍玩具。引导学生介绍玩具的样子。

师：接下来我们来看看玩具的样子。你觉得这个玩具看起来怎么样？

生：特别漂亮。

师：哪些地方让你有这样的感觉？

生：头发、眼睛很漂亮，还有裙子和披风。

师：那你能看着这些部位给大家介绍一下吗？

生：头发长长的，眼睛又大又圆，蓝色的裙子，上面有一颗颗的宝石，披风上有雪花。

师：说得真具体，你能把这种感觉和各部分内容连起来完整地说一说吗？

生：我的艾莎可漂亮了！长长的头发，颜色是金色的。还有一对又大又圆的眼睛，像黑宝石。它还穿着一件蓝色的裙子，上面有很多细小的宝石。外面披着一件披风，上面全是一片一片的雪花。

师：这位同学不但介绍了玩具的样子，还加入了自己的联想，说眼睛像黑宝石，仿佛艾莎真实地出现在我们眼前一样。真是太了不起了，小作家说的就是你呀!

师:请同学们像这位同学一样,拿出自己的玩具,同桌之间互相介绍。先说说玩具看上去怎么样,再说说有这样感受的部分长什么样子吧。

师:我看大家说得都很清楚,现在拿起笔,把自己说的内容写一写吧。

(2)指导学生完成第二段写话。

(3)作业展示与点评。

(三)介绍玩具的玩法

(1)邀请第二位同学拿着自己的玩具上台介绍。

师:除了介绍玩具的样子,玩具的玩法最能吸引人,请你试着用几句话说说它的玩法吧。

生:我的玩具是一个布偶娃娃,我没有给它取名字,是去超市的时候买的。它可以把手抬起来,可以挂在书包上,还可以把头转到后边去。

师:你用了"可以……可以……还可以……"这样的句式清楚地介绍了这个玩具的不同玩法,很有条理。老师想问问你,一般在什么时候,你会和它一起玩?

生:写完作业了,我会拿起它玩一会儿。还有睡觉的时候,我会把它放在枕头旁边。还有回老家的时候,我也会带着它一起回家。

师:看来你是真的很喜欢这个玩具。所以,同学们,我们在介绍玩具玩法的时候,也可以用这样的方式进行介绍。

(2)出示思维导图。

师:现在,你能用上"可以……可以……还可以……"的句式和从不同场景去介绍玩法吗?

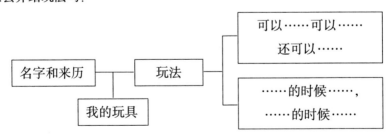

生:这个玩具有很多玩法,它可以把手抬起来,可以挂在书包上,还可以把头转到后边去。写完作业了,我会拿起它玩一会儿。睡觉了,我会把它放在枕头旁边。回老家的时候,我会带着它一起回家。

师：为我们介绍了这么多玩法，真棒！请同学们为这位同学的介绍进行评价，你们会给他评几颗星？

生：四颗星。

（3）邀请一位男同学上台介绍玩具。

师：你的玩具有名字吗？

生：没有名字，它是一个变形汽车，是六一儿童节的礼物。

师：好的，你能用几句话来介绍一下它的玩法吗？

生：它可以变成汽车，也可以变成机器人，按一下这个按钮，还会有音乐。我每天放学回家了，都会先和它玩一会儿再写作业。

师：你介绍得很清楚，真棒。但老师特别好奇，汽车是怎么变成机器人的呢？你能和我们说一说吗？

生：可以。把这个轮子放下来，然后把这个盖子拿上去，把里面这个头拉出来，然后把它的手打开，脚也拔出来，就可以了。

师：哇，这变身过程真是太帅了。但老师觉得，你刚才的介绍不够清楚，给你一个小提示，你可以试着用上"首先……接着……然后……再……最后……"这样的句式，再来说一说"变身过程"。看看有没有什么不一样。

生：首先要把轮子放下来，接着把车盖拿上去，然后把机器人的头从里面拉出来，再把它的手打开，把脚也拔出来，最后，变身就结束了。

师：这样一来，过程流畅了许多。你能试着把刚才介绍的内容完整地说一次吗？

生：这个变形汽车可以变成汽车，也可以变成机器人，按一下身上的按钮开关，还可以播放音乐。每天放学回到家，我会先和它玩一会儿再去写作业，去公园玩的时候也会带着它。变形汽车是这样变成机器人的：首先要把轮子放下来，接着把车盖拿上去，然后把里面的头拔出来，再把它的手打开，把脚也拉出来，最后，变身就完成了。

师：相信通过你的介绍，大家也很喜欢这个玩具。

（4）出示思维导图，教师小结。

师：不同玩具有不同的玩法，我们可以用"可以……可以……还可以……"的句式进行表达；有的玩具操作流程比较复杂，我们还可以分步骤，用"首先……接着……然后……再……最后……"的句式进行介绍。

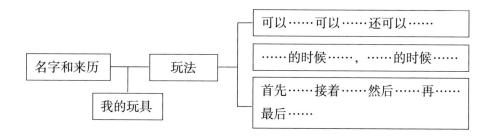

（5）学生摆弄自己的玩具，自主写话。

（6）教师把有代表性的习作展示出来，然后师生一起从书写格式、写话内容等方面进行点评。

[设计意图：立足于已有的说话目标——名字、来历、样子、玩法。通过学生现场说，老师现场指导，写作知识与方法现场生成，加上现场训练，这样的写作教学是非常有效的！这也体现了"过程写作"教学理念。课堂上充分尊重学生的课堂主体地位，让教学指导无痕化。同时，考虑到学生刚接触写话，采取边说边指导写段落的方式，降低了学习难度。作品展评选取了不同层次的学生内容，通过写话内容的直观对比，让学生明白怎样更好地表达。]

三、学法小结

师：同学们，谁能说说这节课你学到了哪些写话的知识？大家想想，除了介绍玩具的来历、名字、样子和玩法，我们还可以介绍玩具的哪些内容？大家可以课后继续写一写。还可以用今天学会的方法来介绍你的其他玩具。

四、课堂总结

师：这一次"最受欢迎玩具"评选活动，我们将根据同学们的写话作业，选出几份写得最清楚、最有趣的作品展示在"优秀作品墙"上，然后让大家评价，获得好评最多的写话内容将获评班级"最受欢迎玩具奖"！

板书设计

```
                    我喜爱的玩具

    来历
    名字
              整体
    样子
              部分：颜色、形状……

    玩法      可以……可以……还可以……
              首先……接着……然后……再……最后……
```

作业单设计

　　小朋友，你一定有自己喜爱的玩具吧，你能向自己的好朋友或者老师介绍一下它吗？为了让你的介绍更加有条理，别人能够听得更清楚，请你跟随老师的指引，开始今天的写话吧。

一、写一段话（★）

　　你喜爱的玩具有名字吗？它是怎么来到你身边的？请你根据这两个问题的答案来写一段话。

二、边玩边说（★★）

请你看着下面的思维导图，然后仔细观察自己的玩具，也来说说它的"样子"和"玩法"。

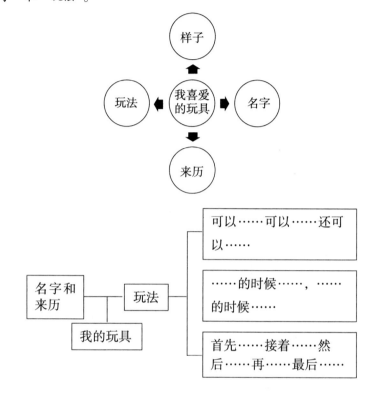

三、写一写（★★★★）

你现在能自己写了吗？如果别人读完你的作品也喜欢这个玩具，那它就是"最受欢迎玩具"了！

学生习作

我的“好朋友”

深圳市龙岗区兰著学校二（7）班　李诗萌

我有一个“好朋友”，它是一个小玩偶，这是妈妈送给我的生日礼物。

这个小玩偶名叫艾莎，它可美了。看，它有一头金黄金黄的头发，一双乌黑的眼睛。它穿着浅蓝色的裙子，裙子上还有闪闪发光的亮片，就像一颗颗星星。

我有时候会给它梳妆打扮，一会儿给它扎小辫子，一会儿给它戴上戒指，一会儿给它换上各种漂亮的衣服。

当我不高兴和难过的时候，我会跟它聊天。虽然艾莎不会说话，但是，它知道我许多小秘密。

艾莎不仅是我的“好朋友”，还是我的倾诉对象。

教师点评：诗萌的这篇文章，能够紧紧围绕“玩具艾莎”进行写话，文章首段直入主题，并直接表明了玩具的来历。紧接着，围绕“美”这一外形特点，小作者抓住颜色进行描述和想象，句式工整，用词丰富。在玩法介绍上，从“梳妆打扮”出发，通过“一会儿……一会儿……一会儿……”的句式进行了描述。从“聊天”“小秘密”等描述中，我们真切感受到了小作者对这个“好朋友”的喜爱。全文能够分段进行表达，条理清晰，语句连贯流畅，值得点赞！

第29课　学观察，写人物

——《我的好朋友》教学案例

深圳市龙岗区兰著学校　马月红

【教学内容】统编教材二年级下册第二单元《我的好朋友》

【教学目标】

（1）学习抓住特点进行人物外貌观察与描写。

（2）通过简单事例来说明人物的性格特点或朋友之间的趣事。

（3）尝试分段表述，做到书写格式正确。

【教学重难点】能初步抓住人物的外貌、性格等特征，把人物简单介绍清楚。

【适用年级】二年级下学期

【教学准备】课件、作业单

【教学时长】40分钟

【教学流程】

一、游戏激趣，引话题

出示 PPT：有一位公主，她天生具有呼风唤雪的神奇魔力，身穿冰蓝色的轻纱长裙，拥有一头浅金色的头发。

师：今天，马老师特别邀请了一位嘉宾来和我们一起上课，猜猜她是谁。

生：艾莎公主。

师：为什么大家一猜就中呢？

学生讨论，小结：她的衣着、本领符合艾莎公主的特点。

师：我们怎样才能抓住人物特点来写，让别人一猜就中呢？

［设计意图：2011 版小学语文课标指出，"激发学生说话写话兴趣"是低段写话的重要目标。因此上课伊始，我从学生兴趣点出发，用猜人物的游戏激发学生的表达欲望，水到渠成地引入新课。］

二、观察人物，说样子

（1）观察讲台上三位同学的外貌，包括五官、身材和服饰（特别是他/她与别人不一样的地方）。

师：世上从来没有两片相同的树叶，当然更没有完全一样的人。要想写好人的外貌，只简单地看，可能一时抓不住外貌特点。你可以用比较的方法进行观察：如果你要观察自己的好朋友，那你再找一个同学和他（她）对比，就能发现他（她）的外貌特点了。

（2）选择其中两个同学，请学生观察他们的外貌。

师：同学们，请看看台上的小伙伴，说说你们看到了什么？

生：林月月的头发长长的，笑起来很好看。

师：你能不能换一个说法？比如用一个词形容一下她的头发，把句子说长些。

生：她的长头发乌黑发亮，笑起来就露出一对深深的小酒窝，很好看。

生：张跳跳有一双明亮的眼睛，戴着一副眼镜，小鼻子，一张能说会道的嘴。

师：你可以说一说张跳跳与别人不同的地方吗？

生：他有一双明亮的眼睛，鼻梁上却戴着一副厚厚的圆框黑色眼镜；有点扁的小鼻子边长着几颗调皮的小痘痘。

师：是啊，这样一改，我们都知道你说的是哪个小伙伴啦。

生：我发现台上的三个人，李金最高，林月月最白，张跳跳最瘦。

师：王天明观察得很用心，这也告诉我们，观察人物时还可以看看人物的身材，比如高、矮、胖、瘦等。

生：我发现林月月总是爱穿这件紫色的外套，外套上的刺绣特别引人注目。

生：我还发现张跳跳一紧张就爱摸自己的耳朵，还总是摸左边的耳朵。

（3）小结：同学们观察得非常仔细，从人物的外貌、服饰、身材等方面说出了人物独特的地方，这些独特的地方其实就是人物的外貌特点，我们在写作时也要注意按照一定的顺序将这些"独特"的地方介绍清楚。

（4）引导观察：看看身边的同学，你发现他（她）有什么跟别人不同的地方，比如头发黄黄的，掉了一颗门牙，脸圆圆的，下巴尖尖的，有两个很深的小酒窝。

（5）引导学生按照从上到下的顺序有条理地进行观察，并完成作业单表格中"他（她）的样子"的填写。

［设计意图："五官""身材""服饰"等概念对于二年级的学生来说是抽象的，对写出好朋友"独特的样子"这一说法是模糊的。这里创设"找不同"这一具体的情境，让学生感受"不一样"，再一步步引导学生把外貌说清楚，说出独特之处。］

三、描述性格，说趣事

师：刚刚你们说的句子都很有意思，可是如果只用两个句子写一个人，那可真是说不清楚哦。怎么才能把一个人介绍得清楚一些，让大家一猜就对呢？我们还可以加上这个人做过的有趣的事情、大家对他（她）的评价或者送给他（她）的称号。让我们一起玩个游戏——我说你猜。

（1）游戏规则：根据老师对同学性格方面特点的描述，你们来猜猜老师说的是谁。注意一定要认真听完老师的话之后再回答。

（2）出示范例。

例1：她是我们班最爱笑的女生。你听，不知道旁边的同学说了什么，"咯咯咯……"的声音又响起来了，肯定是她；有时候，她看书也能看着看着就笑出声音。同学们都叫她"开心果"。

例2：他活泼开朗，多才多艺，尤其是钢琴弹得特别好，是我们班出了名的"小贝多芬"……

（3）小组交流：介绍你的朋友时具体说说你们俩会在一起做的趣事儿，看看谁的介绍最形象，让人一猜就中。

（4）班内交流，及时引导。

师：同学们，想一想，你和你的好朋友在一起会做什么呢？

生：我们天天一起上学，一起回家。

师：想一想，你们一起上学一起回家时，会手拉着手吗？会头挨着头说一些悄悄话吗？

生：我们俩的关系特别好，就像我和我的影子一样，在学校里我在哪里她就在哪里。每天我们俩都是手拉手一起上学，一起回家，一路上都有说不完的心里话，高兴极了。

师：你们的关系特别好，路上会聊些什么呢？

生：互相分享我们的各种趣事。

师：（指另一生）你的好朋友除了姓名之外，还有其他的"称号"吗？比如，我邻居家有个小孩子，因为特别粗心，家里人都叫他"小马虎"呢。

生：她是我们班级里的"小百灵"。我最喜欢和她一起练习唱歌，去年元旦之前，我们俩一起报名参加歌咏比赛。比赛前，她天天刻苦练习，比赛当天，看着她在台上精彩的表演获得热烈的掌声，我在心里为她感到高兴。

师：说得真好，还有别的同学愿意分享吗？

生：他是我们班的"赛诸葛"，因为他特别聪明，好多我们不知道的知识他都会。有时候，我们在学习时遇到了难题，他总是能很快地做出来，我们都觉得他是一个比诸葛亮还聪明的人。

生：他有些粗心，有一次听写，他居然忘记写完自己的名字，明明有三个字，结果他只写了前两个字，发作业时，全班同学哄堂大笑。还有一次，做数学题，他算乘法，把 6×7 的得数写成了 24，后来，同学们都叫他"马大哈"。

（5）教师小结：同学们，通过分享，我们知道了好朋友更多的"趣事"，还有那些特别有意思的"称号"，这些都可以在习作中写下来哦。

（6）引导学生把与好朋友之间的趣事说清楚，并完成作业单表格"我们经常做的事"的填写。

［设计意图：对学生来说，好多事都是可以用一句话说完的。如何把一句话变成一段话呢？比如：说说与朋友间的趣事，别人送给朋友的称号等。在学生回想这些内容时可以多加提示，让学生把过程说清楚。老师可以不提"过程"这个概念，但要创设具体的情境引导学生表达，不断丰富学生的描述。］

四、规范写话，学修改

师：同学们说得太棒了！现在赶快把你好朋友的介绍写下来吧。

（1）出示写作要求。

①开头空两格，标点符号独立占一格。

②按照"谁＋样子＋事例"的顺序来写一段完整的话。

（2）学生自改，同桌互改。

（3）作品展评：把学生修改后的作品投影出来，对学生的修改情况进行点评。展示 1～2 篇。

[设计意图：二年级学生对行文格式掌握得还不够熟练，需要在不断运用中加以强化、巩固，当然，这个过程离不开老师的反复指导与提醒；从小培养学生自我修改的意识，学生才能逐步养成自我修改的好习惯。]

板书设计

我的好朋友

谁　长什么样子　　做的事

有特点 有顺序　　马大哈（根据学生现场回答板书）

作业单设计

你是一个二年级的学生，从上幼儿园到现在应该有一两个好朋友吧，你能向大家介绍一下他们吗？如果愿意的话，你可以像老师这样做。

一、填一填

请你用词语或短句填写下面的表格，填写好了可以得两颗星。

写作提示：

1. 你最好的朋友叫什么？

2. 长什么样？

3. 是个怎样的人？

4. 你们在一起时喜欢干什么？

他（她）	他（她）的样子	我们经常做的事

二、写一写

1. 出示例文。

				好	朋	友	张	池			
	我	的	好	朋	友	叫	张	池	，	他	的
脸	圆	圆	的	，	笑	起	来	还	有	个	小	酒
窝	呢	！	不	过	他	最	近	不	敢	笑	了	，
因	为	他	掉	了	一	颗	门	牙	，	一	笑	就
lòu	xiàn	了	！								
	我	们	天	天	一	起	上	学	，	一	起
回	家	，	是	一	对	形	影	不	离	的	好	朋
友	。	我	们	还	经	常	一	起	打	乒	乓	球，
他	打	得	比	我	好	，	是	我	们	班	的	冠
军	呢	！									

2. 你也来写写自己的好朋友吧，用上前面表格里的词语和短句来介绍自己的好朋友。如果能写得跟别人不一样，可以得四颗星。

<table>
<tr><td></td><td></td><td></td><td></td><td></td><td></td><td></td><td></td><td></td><td></td><td></td><td></td><td></td><td></td><td></td></tr>
</table>

（方格稿纸）

学生习作

我的好朋友

深圳市龙岗区兰著学校二（8）班　吴灵羽

我有一位很好很好的朋友，她叫杜小非。

她的身材小巧玲珑，皮肤有些黑，两条腿细细的。别看她个子矮哦，她可会跑步啦，跑得比兔子还要快呢。

每个星期六，我和她都要去石芽岭公园里玩。我们有时跳绳，有时一起跑步，有时靠在一起说悄悄话。我们有很多很多的悄悄话要说。

这就是我的好朋友，她是我最好的朋友。

教师点评：吴灵羽同学观察仔细，抓住了好朋友的外貌特点，同时通过简单的事例，特别是运用了"有时……有时……有时……"的句式，写出了自己和好朋友的亲密关系；还能够分段表达，而且语句流畅，是一篇较为成功的介绍人物的习作。

第30课　学观察，说理由

——《我想养一种小动物》教学案例

深圳市龙岗区千林山小学　肖华

【教学内容】统编教材二年级下册第七单元写话《我想养一种小动物》

【教学目标】

（1）用"……因为……"的句式表达观点。

（2）鼓励学生自由表达，体验写作的乐趣。

【教学重难点】指导学生从不同角度思考问题，并表达自己的观点。

【适用年级】二年级下学期

【教学准备】课件、作业单

【教学时长】40分钟

【教学流程】

一、谈话激趣

师：孩子们，在本单元的学习中，我们认识了耷拉着耳朵的大象、开店的蜘蛛、卖泥塘的小青蛙，还有变成蝴蝶的毛毛虫，这些动物都给你们留下怎样的印象呢？

二、引出话题，了解要求

师：一谈到小动物，小朋友都很感兴趣，如果可以养小动物，你想养什么？

生：我想养小白兔。

师：能说说为什么吗？

生：因为小白兔很可爱。

师：能说得更详细点吗？

生：小白兔的毛很柔软，摸起来很舒服。

师：我知道了，你想养小白兔是因为你喜欢它柔软的皮毛，摸起来很舒服，看起来很可爱。谁愿意接着说？

生：我想养大老虎。

师：不容易，说说为什么。

生：因为大老虎很威风，别的小动物都怕它。

师：大老虎的脾气可不好。我们接着说，看看谁养小动物的理由最充分、最新颖，让肖老师一下子就记住了。

出示写话要求：如果可以养小动物，你想养什么？写写你的理由，试着用关键词多写几条。

三、连词成句，发现"句子中的秘密"

（1）根据学生的发言，教师分类板书。

（2）学生汇报，按下面的句式试着说一说，发现"句子中的秘密"。

我想养＿＿＿＿＿＿，理由是＿＿＿＿＿＿＿＿＿＿＿＿＿＿＿＿。

我想养＿＿＿＿＿＿，因为＿＿＿＿＿＿＿＿＿＿＿＿＿＿＿＿＿。

因为＿＿＿＿＿＿，所以我想养＿＿＿＿＿＿＿＿＿＿＿＿＿＿。

①指名说，把句子说通顺。

②同桌互说，互相帮助。

③全班交流汇报，教师评价指导。

师：说说你最想养什么小动物。

生：我想养大象，我的理由是大象是一种非常聪明的动物。

师：你这个可不是小动物啦，是大家伙！因为它非常聪明，所以你想养，我这样说可以吗？

生：可以。

师：老师的句子和你的句子有什么不一样的地方吗？

生：肖老师的句子调换了一下表达顺序，但是和我的意思是一样的，都是想养大象的理由。

师：你发现了句子中的秘密就是"语序调换，语意不变"，真了不起！谁来接着说？

生：我想养小狗，因为它是人类最好的朋友。

师：我觉得你还能说出几点理由，继续试一试。

生：小狗看起来肥嘟嘟的，我很喜欢它，我想养一只小狗。

师：妈妈同意吗？

生：不同意。

师：我觉得你能想出好办法，一定能征得妈妈的同意。

生：因为小金鱼成天穿着五颜六色的裙子，所以我想养小金鱼。

师：你这样一说，我也觉得小金鱼外形真好看，我也很喜欢。

（3）根据学生汇报，总结板书。学生从板书中提取感兴趣的关键词，记录在作业单中，完成第一题。

[设计意图：引导学生表达时能够变换不同句式，而且教师要善于捕捉学生思维的闪光点，即时点评与鼓励，为其他学生树立榜样，鼓励其他学生学习与创新。达成本课学习的目标：鼓励学生自由表达，多写几条理由，体验写话的乐趣。]

四、补充理由，由少到多

（1）创设情境，引导学生积极思考。

师：孩子们，大家都表达了自己对小动物的喜爱，也说清楚了自己的理由。可是如果爸爸妈妈仍然不同意你养小动物怎么办呢？

（2）学生各抒己见，各出妙招。

生：可以多说说小动物的优点。

生：可以保证好好照顾小动物。

生：可以用自己的真情实感打动爸爸妈妈。

（3）理由分类，重新梳理。

师：是的，为了说服爸爸妈妈同意我们养小动物，我们要学会从不同角度多说几条理由。怎样说呢？我们来看板书。例如讲讲小动物的外形特点、生活习性、性格爱好等。争取让爸爸妈妈和我们一样喜欢这个小动物。就以小金鱼为例说说吧。

生：可以先说小金鱼的外形特点，小金鱼很漂亮，大大的眼睛，花裙子。

师：我给你提个建议，在这句话前加上"第一"可以清晰地表明这是你的第一点理由。第二点你想说哪条理由？还是你来说吧。

生：第二是因为小金鱼吃得不多，很容易养活。

师：试着把前两条理由连起来说一说。老师给你开个头："我很喜欢小金鱼，所以我特别想养一条小金鱼。"

生：我很喜欢小金鱼，所以我特别想养一条小金鱼。第一是因为小金鱼很漂亮，它有大大的眼睛，还穿着花裙子。第二是因为小金鱼吃得不多，很容易养活。

师：经过咱俩的努力，说了两条理由，而且特别清晰有条理。真棒！除了外形和习性，我们还可以聊聊小金鱼的哪些方面？

生：性格。

师：是的，小动物也有不同的性格。谁来说说第三点理由？

生：第三，小金鱼特别温顺，

师：是的，这三条理由连起来，就可以把我们想养小金鱼的理由"说清楚，说通顺"了，待会儿写也就能"写清楚，写通顺"了。

[设计意图：在汇报环节中，通过师生互动，生生互动，互相学习，再次巩固掌握本课难点"写清楚，写通顺"。]

五、层层深入，从说到写

（1）出示写话要求：

①写清楚想养什么，理由是什么。

②试着用上"第一、第二……"多写几条理由。

③开头空两格，标点符号要占格。

（2）学生写话，教师巡视。

（3）展示分享，按照"写话要求"当堂评价。

六、作业

（1）将自己的作品读给爸爸妈妈听，听听他们的建议。

（2）如果爸爸妈妈不在家，可以用留言条的形式，将自己的理由告诉爸爸妈妈。

板书设计

我想养一种小动物

外形特点	生活习性	性情特点
大眼睛	吃鱼食	安静
花裙子	勤换水	温顺
五颜六色	食量小	喜欢游来游去
……	……	……

作业单设计

　　小朋友，能和小动物做知心朋友一定是件特别开心的事情，如果家里能养一只这样的小动物那就更棒了！你最想养什么小动物呢？根据课堂上学到的方法，把你自己的理由写清楚，你的愿望一定会实现的！

一、填写思维导图（★★★）

二、我会表达（★★★★★）

<table>
<tr><td></td><td></td><td></td><td></td><td></td><td></td><td></td><td></td><td></td><td></td></tr>
<tr><td></td><td></td><td></td><td></td><td></td><td></td><td></td><td></td><td></td><td></td></tr>
<tr><td></td><td></td><td></td><td></td><td></td><td></td><td></td><td></td><td></td><td></td></tr>
</table>

学生习作

我最想养的小动物

深圳市龙岗区千林山小学二（2）班　余晓川

我最想养几条小金鱼，已经想了很久了。

小金鱼在水里摇摇摆摆、游来游去的样子多快活啊，所以我想养几条可爱的小金鱼。第一，小金鱼有圆鼓鼓的大眼睛，还有扇子一样的大尾巴，游动起来就像扇扇子。第二，小金鱼成天穿着鲜艳的花衣裳，真好看！第三，小金鱼很温顺，适合家养。第四，小金鱼食量小，也非常爱卫生，它们生活在水里，要勤换水。

妈妈，我会帮助小金鱼换水，请您买几条小金鱼送给我，好吗？

教师点评：晓川小朋友是一个喜欢想象和表达的孩子。在文中，她写清楚了自己想养小金鱼的理由，而且从不同角度来说明理由：一是因为小金鱼的外形很可爱；二是小金鱼的生活习性很适合家养。在结尾处还对妈妈表明了自己会照顾好小金鱼的决心，希望得到妈妈的支持。全文语言生动真挚，是一篇优秀的作品。

第31课 学观察，提问题
——《我会提问》教学案例

深圳市龙岗区兰著学校 马月红

【教学内容】统编教材二年级下册第六单元写话《我会提问》

【教学目标】

（1）通过观察不同的事物，学习从不同的角度提出问题。

（2）按一定的顺序把想到的问题表达出来，尝试找答案。

（3）制作问题卡片，乐于与同伴交流分享。

【教学重难点】

（1）通过观察不同的事物，学习从不同的角度提出问题。

（2）按一定的顺序把想到的问题表达出来，尝试找答案。

【适用年级】二年级下学期

【教学准备】课件、作业单

【教学时长】40分钟

【教学流程】

一、创设情境

（1）老师穿着一件夏季短袖走上讲台，一言不发，约一分钟后，老师开始说话。

师：同学们，你们都看着老师，是不是有什么话想对老师说呢？

（2）学生自由发言。

师：今天天气很凉，你们都穿着外套来上学，而老师却穿了一件短袖，大家感觉很奇怪，所以，刚才问了我很多问题。大自然变幻莫测，常常有许多奇妙的事情发生，让我们想不明白，产生许多问号，你们的大脑里是不是也有好多问号呢？

[设计意图：根据儿童心理规律，学生对反常的事充满好奇，教师从儿童这一心理出发，成功激发学生兴趣，为之后的学习打下良好的基础。]

二、读例文，学提问

师：我们每个人心中都有一串串的"为什么"，书上这个孩子心中也有许多的"为什么"，我们一起来读一读吧。

（1）读例文，读出疑问语气。

为什么星星会眨眼呢？

为什么雨后天上挂着彩虹？

树叶的形状为什么是各种各样的？

花为什么是五颜六色的呢？

下雨前蜘蛛逃到哪儿去了？

是谁告诉蝉要下雨了？

石头上怎么会有贝壳呢？

……

（2）看图尝试提问。（给学生出示有趣的图片，如小狗滑滑板、小猫逗老鼠、娃娃抓泥鳅等。）

（3）学生畅所欲言，自由表达。

[设计意图：通过朗读课本上的范文，学生会对"提问"有初步的印象，在此基础上，用学生熟悉的场景"小狗滑滑板"等，唤起学生的生活回忆，鼓励学生大胆发言，走出"敢问"这一步。]

三、根据要求提问

（一）提问有意思

师：同学们通过观察"小狗滑滑板"这一幅图，提出了很多问题，真的很了不起。我们提问时不仅要有主题，就是要根据图画的主要人物和事情来提问，而且提出的问题要有意思、有价值。什么叫有价值呢？就是这个问题能引起大家的思考，大部分同学都对这个问题感兴趣。我们一起来试试吧！

（1）出示 PPT（雨中蜻蜓立荷图）。

师：认真观察图片，你有哪些问题呢？

生：这是突然下的一场雨吗？

生：蜻蜓落在荷花上干什么呢？

生：蜻蜓为什么不回家呢？

生：又刮风又下雨，荷花会不会有危险？

……

（2）教师点评与小结：根据学生的回答点评分类，引导学生判断问题是否有意思。

（二）提问有条理

师：很高兴，同学们都能在观察图片后提出值得思考的问题，如果图片中的事物很多，我们怎么办呢？对了，我们要努力做到有条理。什么叫有条理呢？就是按照一定的顺序或分类提问。

（1）出示 PPT（娃娃跳玩具图）。

师：玩具堆中有一个小娃娃，你看他玩得多开心。

（2）学生尝试有条理地提问。

生：这个孩子是谁？他在哪里玩玩具呢？

生：这些玩具是谁买的呢？

生：他是一个人在玩还是和小伙伴一起玩呢？他最喜欢玩什么呢？

生：他这样一直跳会不会摔倒呢？

……

（3）学生自由发问，教师小结点评：学生是否从不同的角度按一定的顺序提问。

［设计意图：在学生敢于提问的基础上，教师有针对性地准备动态图片，引导学生仔细观察图中最感兴趣的事物，提出大家感兴趣、值得思考的问题，并逐步指导学生按照一定的顺序提出问题。］

四、寻找答案

师：同学们，你们一定看过不同版本的《十万个为什么》吧，这本书里啊，有许许多多特别有意思的问题，深受大家的喜爱。其实我们也能出一本205班的《十万个为什么》，我们每个人问几个问题，然后合在一起，就可以编一本书啦，同学们觉得这个主意好不好？

生：那这本书上是不是会有我们每个同学的名字呢？

生：这本书会不会被很多人看到呢？

生：我想问一个问题，《十万个为什么》上面都是有答案的，我们问的问题都是我们不懂的呢，去哪里找答案呢？

……

师：这是个很重要的问题哦，我们要去哪里找问题的答案呢？

生：去书上找。

生：去问爸爸妈妈。

生：去网上查。

……

师：我们班上的同学都是会动脑筋会想办法的孩子，一下子想出了这么多的办法。那我们先试试每个人提一个问题，然后用你们说的办法去找找答案，可以吗？

[设计意图：利用学生熟知的书本，激发学生的表现欲，更好地激发学生提问与尝试寻求答案的兴趣，并在寻求答案的过程中，给学生提供多向表达的机会，更好地培养学生主动学习的能力与习惯。]

五、表达与分享

（1）学生将问题写在卡片上，小组贴卡片。

（2）生生交流，师生交流，师生共同点评。

（3）学生写作，完成问题卡片。

（4）交流展示。

 附

板书设计

作业单设计

亲爱的孩子们，学了这节课的内容，你们的小脑袋里是不是有许许多多的小问号在争着向外跑呢？那就写下来吧！然后，再想想，这个问题有答案吗？用什么办法找到答案呢？

写作提示：

（1）你想过这样的问题吗？比如：猫的胡须有什么用？深圳为什么不下雪？

（2）如果遇到问题，你会用什么办法来解决呢？

1. 读读其他小朋友的作品吧！

				我	会	提	问			
	兰	著	学	校	202	班		朱	珂	昕
	为	什	么	狮	子	要	吃	肉	？	
	因	为	狮	子	吃	草	吃	不	饱	。
	为	什	么	花	朵	有	那	么	多	颜色?
	因	为	每	朵	花	都	想	和	别	人	不
一	样	。								
	为	什	么	妹	妹	的	屁	股	一	打	就
红	？									
	因	为	屁	股	被	打	后	很	生	气	，

把	脸	气	红	了	。							

2. 你也来试一试提问吧，看看谁是五星级小作家。

学生习作

我会提问

深圳市龙岗区兰著学校 202 班　王斯童

为什么恐龙会灭绝？

因为火山爆发后食草恐龙都死了，肉食恐龙因为没有食物都饿死了。

为什么小兔子的眼睛是红色的？

其实，兔子的眼睛并没有颜色，我们所看到的红色，实际上是血液经眼球折射后的颜色。兔子的毛色是由它们体内所含的色素决定的，色素的颜色不仅表现在毛色上，同时也表现在眼球中。

教师点评：珂昕小朋友提出的问题非常有意思，她从观察到的动物、植物及生活所见的现象提问，再展开丰富的想象，用文学的思维给出了问题的答案，读后让人乐不可支！

斯童小朋友对动物非常感兴趣，提出问题后，不仅能根据自己从课外阅读中了解的知识回答问题，还能站在科学的角度来找寻答案，实属难得。

第 32 课　学观察，写童诗

——《看月亮》教学案例

深圳市龙岗区实验学校　尚蔺卿

【教学内容】补充教材儿童诗创作《看月亮》

【教学目标】

（1）创设情境，欣赏并诵读儿童诗《看月亮》，从而感知诗歌的语言形式，激发学生的表达欲望。

（2）以文本为范例，拓展思路，引导学生从不同角度选材，尝试写出内容丰富的作品。

【教学重难点】带领学生初步感知儿童诗的语言形式，激发学生的表达欲望，培养学生的想象力。

【适用年级】一年级下学期或二年级上学期

【教学准备】课件、作业单

【教学时长】40 分钟

【教学流程】

一、课前谈话，导入新课

师：在晴朗的夜空中，我们会看到许多小星星，冲着我们调皮地眨眼睛。除了星星，还能看到什么呢？

生：月亮。

师：对，还有月亮。月亮有一个神奇的本领，她会变身。你看过她变成什么样子？

生：有时像月牙。

生：有时像眉毛。

生：有时又像一个圆圆的大镜子。

师：有一个诗人，看到天上圆圆的月亮闪着银白色的光芒，非常高兴，于是诗兴大发，写下了一首诗，你们想看看他是怎么写的吗？

[设计意图：神秘的夜空是孩子们最心驰神往的地方，此情境的创设一下子就把孩子们带入其中，激发起他们强烈的好奇心和求知欲望。]

二、朗读、背诵诗歌，感知诗歌的语言形式

（一）多种形式诵读

师：老师特别喜欢这首诗，现在我把它读给大家听，好吗？

（1）配乐朗诵儿童诗《看月亮》。

歌唱家说，
月亮像张唱片，
挂在树上。

卖早点的说，
月亮像烧饼，
贴在锅底。

商店老板说，
月亮像一面镜子，
挂在天上，
又圆又亮。

师：同学们，你们是不是也想读一读呀？请大家用自己喜欢的形式，自由诵读。

（2）学生自由朗读。

师：谁愿意把这首诗读给大家听？

（3）指名朗读，全班齐读。

师：这首诗太有趣了，让我们一起跟着音乐读一读吧。

（二）讨论诗歌内容，加深理解，尝试背诵

（1）提出问题，引导思考。

师：同学们，在这首诗里，都有谁看到了圆圆的月亮呢？

生：歌唱家看到了圆圆的月亮。

生：卖早点的看到了圆圆的月亮。

生：商店的老板看到了圆圆的月亮。

（师板书：歌唱家、卖早点的、商店的老板）

师：他们看到月亮后，说了什么？

生：歌唱家说，月亮像张唱片挂在树上。

生：卖早点的说，月亮像烧饼，贴在锅底。

生：商店老板说，月亮像一面镜子挂在天上，又圆又亮。

师：请三位同学合作来说一说，这三种人看到月亮后说了什么？

（2）练习背诵，指名背诵。

[设计意图：所有的创作都是从模仿开始的。此环节的目的是通过多种形式的读，然后在熟读的基础上练习背诵，达到积累语言的目的，同时为下一环节的独立创作作准备。]

三、拓展思路，尝试表达

（一）提出问题，引发思考

师：同学们，你们认为他们说的有道理吗？为什么他们看到的月亮不一样呢？（因为每个人的工作不同，每天看到的东西不同，所以想到的东西也不一样。）

（二）拓展思路，引导表达

师：除了他们，还有谁会看到这轮圆圆的月亮呢？他们会觉得月亮像什么呢？

生：厨师说月亮像馒头，飞到天上给天上住的神仙吃。

生：工人叔叔说月亮像放大镜，可以帮助他看图纸。

生：妈妈说月亮像一颗珍珠，挂在天上给大家看。

生：潜水员说月亮像水母，在天上飘来飘去。

师：大家说得都很好，除了不同职业的人，还会有谁能看到这轮月亮呢？会不会有小动物看到了？

生：小猫说月亮像一个毛线球，飞到天上，怎么也抓不到。

生：小兔子说月亮像一朵大蘑菇，又白又圆。

生：小狗说月亮像一个肉丸子，真想一口吃掉它。

生：猫头鹰说月亮像一盏亮闪闪的灯泡，挂在天上，给小动物们照明。

师：除了小动物，还有谁看到了呢？向日葵、稻草人、小星星……看到月亮，又会说什么呢？

生：月亮像汤圆，又大又甜。

生：小星星说月亮像 UFO，在天上飞。

[设计意图：想象力是儿童诗的灵魂，孩子们最不缺乏的就是丰富、夸张的想象。在此环节，教师一步步引导孩子们拓宽思路，展开想象，用儿童的语言来描绘丰富多彩的世界。]

四、完成作品，体验成功

师：刚才大家说得特别好，如果把它们写下来，就是一首首有趣的儿童诗了。下面，请同学们在作业纸上写下自己创作的诗歌吧。

学生自由写作。

师：谁愿意到讲台上来把自己写的诗读给大家听？

[设计意图：第一次做诗人是件很值得高兴的事情吧，如果还能在班上朗读，那可是能大大满足学生的成就感，可以激发写作的兴趣。]

五、总结

师：同学们，今天你们每个人都创作了一首小诗，从现在起，你们就是小诗人了，恭喜大家！希望大家以后写出更多更好的诗来，早日从小诗人成长为大诗人！

 附 ————————

板书设计

> **看月亮**
>
> | 谁看月亮 | 说了什么 | |
> | --- | --- | --- |
> | 歌唱家 | 像张唱片 | …… |
> | 卖早点的 | 像烧饼 | …… |
> | 商店老板 | 像镜子 | …… |
> | …… | …… | |

作业单设计

　　小朋友，读了《看月亮》这首儿童诗，你有没有兴趣自己也写一首呢？拿起你的神笔，我们一起来创作吧！

一、想一想，填写下面的思维导图（★★）

　　小朋友，你看到月亮的时候会想到什么？想一想，还有谁会看到月亮呢？比如：猫头鹰、路边的小树、山上的古塔……猜一猜，它们看到月亮又会想到什么？你能写出跟老师不一样的答案吗？加油！

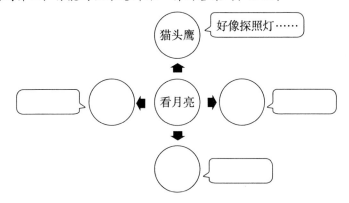

二、写一写，在下面的稿纸上写下你的奇思妙想吧（★★★★）

看月亮

（作者：　　）

＿＿＿＿＿＿＿＿＿＿说，

月亮像＿＿＿＿＿＿＿，

＿＿＿＿＿＿＿＿＿＿。

＿＿＿＿＿＿＿＿＿＿说，

月亮像＿＿＿＿＿＿＿，

＿＿＿＿＿＿＿＿＿＿。

＿＿＿＿＿＿＿＿＿＿说，

月亮像＿＿＿＿＿＿＿，

＿＿＿＿＿＿＿＿＿＿。

学生习作

看月亮

深圳市龙岗区实验学校二（5）班　刘思维

卖玉器的说，
月亮像玉盘，
又大又圆。
小老鼠说，
月亮像大肉丸，
好想把它抱回家。
迷路的人说，
月亮像一盏油灯，
帮我找到回家的路。

教师点评：小作者用充满童真的眼睛看世界，在他的眼里，月亮像玉盘，像大肉丸，像一盏油灯，既充满丰富的想象，又那么贴切，真有意思！

在趣味观察中学习表达

每个小朋友都对这个世界充满好奇之心。漂亮可爱的花鸟鱼虫，千变万化的日月风云……对他们来说既熟悉又新奇。通过观察，他们认识多彩的世界；借助文字，他们表达对这个世界的感知。

本章节中，我用了四个教学案例，即《小金鱼》（A、B）和《鸿运当头》（A、B）来呈现我对分级分类写作教学的思考与实践。

一、课前思考

教学设计的首要步骤是确定教学目标。那么以《小金鱼》和《鸿运当头》为题进行教学活动设计，需分别适用于一、二年级的学生，教学目标应该如何制定？为什么把这些目标安排在这个年级里？目标之间有哪些内在的联系呢？这是我在设计教学活动之前的思考。为了能够制定出恰当的教学目标，我认真阅读了语文课程标准对低年段写话的要求。仔细分析，我认为"写出自己对周围事物的认识和感想"意在提醒我们要引导和关注学生观察周围的事物，进而学习用书面语表达。就语文知识而言，课标强调"运用阅读和生活中学到的词语"意在提醒我们要引导和关注学生使用词语，强调"学习使用逗号、句号、问号、叹号"意在提醒我们要关注学生运用标点符号。再结合低年级小朋友的年龄特点——他们处在从口语向书面语转化的学习过程中，虽然口头语丰富，口头表达能力也比较强，但因为会写的字少，书面表达能力还比较弱，最终我制定了这四节课的教学目标，具体如下：

一年级《小金鱼》教学目标：

（1）运用"五感观察法"，学习从整体到部分观察事物。

（2）掌握观察动物的基本方法，即从"外形"到"生活习性"。

（3）能用通顺、完整的句子表达，写话时能正确使用标点符号，尝试恰当地使用动词、形容词。

一年级《鸿运当头》教学目标：

（1）运用"五感观察法"，学习从不同角度观察事物，并在观察的基础上展开联想或想象等。

（2）能用通顺、完整的句子表达，写话时能正确使用标点符号，尝试恰当地使用动词、形容词。

二年级《小金鱼》教学目标：

（1）运用"五感观察法"，学习从整体到部分抓住事物的主要特点进行观察。

（2）学习用"关键词"记录观察结果，并借助"关键词"进行"连词成句，连句成段"。

（3）学习日记的基本格式，能用一两段通顺的话记录观察的结果，在写话中尝试运用比喻、拟人等修辞。

二年级《鸿运当头》教学目标：

（1）运用"五感观察法"，学习从整体到部分抓住事物的主要特点进行观察。

（2）学习用"关键词"记录观察结果，并借助"关键词"进行"连词成句，连句成段"。

（3）巩固学习日记的基本格式，用一两段通顺的话记录观察的结果，在写话中尝试运用比喻、拟人等修辞。

从横向看，一年级完成《小金鱼》的动物观察教学后是植物观察《鸿运当头》的教学。因此，这两次教学针对语言训练的目标基本相同，只是在观察方法的指导上略有不同，旨在循序渐进地指导学生掌握"五感观察法"。二年级的《小金鱼》《鸿运当头》的教学目标设定的思路也与一年级的相似，力求一课一得，串珠成链。从纵向看，一年级注重词语和句子的运用，二年级注重句子和段落的学习。也正是在此时我发现，以往我们设计单篇教学活动的情况比较多，在制定教学目标的时候比较随意，缺少横向和纵向思考。

另外，在指导观察时我们充分考虑到低年级小朋友的年龄特点，如低年段小朋友不会跟踪观察，他们一般只关注植物的外形，包括颜色和植物各部分的特点，因此，即使教师知道观察植物的一般方法是从"外形"到"生长特点"，但在低年级，我们暂时不要求孩子们去介绍植物的生长特点。

二、课堂实践

在具体的教学实践中我们发现，观察与表达类写话课需要教师把握好教学节奏，适时地引导评价，重视文章结构意识的培养。

（一）注意讲练结合

我们知道，低年级小朋友口头语言表达的能力远远超过书面表达的能力。小朋友们一岁多会说话，可是一年级才刚刚开始学写字，开始学习运用规范的书面语。因此，带着他们一边观察，一边表达，先说后写，分步进行教学，可以降低难度，易于掌握。如《小金鱼》的教学，我设计了"观察样子—观察活动—引导想象"等教学环节。这三个环节说和写交替进行，边讲边练，避免了小朋友们说得多写得少、无从下笔的现象。

（二）培养结构意识

一篇文章就是一幅图画，写文章亦如画画。如果我们要画一棵大树，一般情况下是先画树干，然后添枝，最后加叶。树叶、树枝、树干组成一棵大树。同样，词语、句子、段落组成一篇文章。孩子们的口头表达通常思维散乱，主题不集中，很多中高年级的学生在写作中也常出现这样的问题。因此，在低年级写话阶段老师就应该重视构思训练，为日后的习作作准备。这在我们设计的作业纸中体现明显。如一年级"写样子""写活动""写想法"分别给出三行格子，这样不仅有助于小朋友把句子写通顺完整，而且从视觉上帮助孩子们建立结构思维。二年级，先填写思维导图再写话，也是为了让小朋友们有结构意识。同时，我们在设计意图中也反复提醒教师在分段上给孩子们适当的指导。如二年级《小金鱼》的设计中就有这样的提示：二年级与一年级的写句子不同，这时要求写句群，也就是写简单的段落。教学中发现，很多老师在一年级时就开始让学生分段写话，虽然每段话只有一句话，但培养了学生的结构意识；到了二年级，可以让学生用一段话简单介绍小金鱼，也可以让学生把看到的、想到的分成两段话来写，还可以按样子、活动、想法的结构写三段话。重点是要求学生能够用两三句话写一个自然段。这样学生的表达才能慢慢达到有条理、具体生动。

三、课后反思

我们清楚地知道永远没有完美的教学，这些教学案例有精彩之处，也有很多不足。当时，我把一年级的《小金鱼》和《鸿运当头》，分别交给了三个班的语文老师试课。上课前，我只与其中一位老师交流了设计意图，并分析了一、二年级教学目标之间的内在联系，所以，授课效果较好，案例中提供的学生作品就是来自这个实验班。但是另外两位老师都认为一年级的教学目标有点儿低，所以，一位老师在授课过程中增加了学习难度，引导观察全面细致，虽然学生在课堂上说得好，但只有部分学生能完成写作任务；另一位老师倒是在课内完成了教学任务，但因为对孩子的引导不够，发现孩子们写的句子千篇一律。可见，同一份教学设计，老师的理解不同，教学效果也有明显差异。我们建议，老师们使用教学设计时，先仔细阅读"教学目标"与各环节的"设计意图"，而不仅是依照流程来教学。只有理解了教师的设计意图，并根据学生的实际情况来引导和点拨，才能达成教学目标，取得良好的教学效果。

另外，为了激发孩子的写作兴趣，我们要贴近孩子的生活来创设交际语境和设计写作任务。如《小金鱼》的教学可以围绕介绍宠物、逛鱼市、游海洋公园等真实生活情境来设计写作任务，激发孩子们的表达热情。

我们不断地思考与实践，只为让写话课更加多姿多彩。希望孩子们能感受到写话有法可循，希望他们在趣味观察中学习表达，有话可写。

深圳市龙岗区平安里学校　商丽颖

后　记

　　我是一名从一线教师转岗到教师发展中心的研修员。迄今为止，我在一线从教整整 20 年，转入研修工作岗位 13 年。

　　1988 年我毕业于中等师范学校，毕业后分配在一所村中心小学任教。记得第一年我教数学，同时兼任音乐、美术等学科教学。前辈们都告诉我教数学好，不要教语文，尤其是教中、高年级语文更辛苦，因为要教学生写作文，还要批改学生的作文，太折腾了！刚入行的我就知道写作教学对于语文老师来说有多难，批改作文有多痛苦！可阴差阳错的事情还是发生了：入职两年后我就从教数学转行到教语文，从此，开始了自己的语文教学生涯，慢慢体会了教孩子写作到底有多难。

　　但是，在语文教学的路上走过六七年后，我开始对写作教学"另眼相待"了。那时，我在海南省一所农场子弟学校任教，记得当时教六年级语文。学生大多来自农场工人家庭，常常是用本地方言进行交流，甚至有少数孩子还不太会说普通话，写作就更困难了。有时候，我读不懂孩子的作文，要找当地的老师用普通话帮我翻译过来，我才知道孩子写了什么。那时候，我没太多教学经验，更不会教孩子写作，但我做到了这样几点：我让孩子们写自己的生活，写他们熟悉的事物，写他们感兴趣的事情；我会在语文课上临时改变教学内容，比如海南经常出现"东边日出西边雨"的奇异景象，我便停止讲课，让孩子们静静地观看，一边看一边引导学生提出问题；我会让孩子们自己准备材料，带着材料和工具到学校来比赛扎风筝、放风筝；我还会自作主张，更改教材的写作要求——如果单元作文的题目不适合他们写，我就允许孩子们换题目或换内容。我让他们写自己父母辛勤的工作，写他们为父母分担家务活，写他们喜欢玩的游戏——斗"豹虎"、弹玻璃珠、做风筝、放风筝……这些都发生在90年代。当时，我不清楚自己这样做的理论依据是什么，我也没有过多思考背后的教学理念，只知道要想办法让孩子对写作有兴趣，让他们愿意写，让他们学会观察，写自己真实的生活。不在乎他们的习作用了多少好词好句，只要表达流畅；不计较他们是否掌握了哪些写作技巧，只要表达真实。

1997年，我非常荣幸作为农垦教师代表，参加了海南省首届青年教师作文教学大赛。印象深刻的是我抽到的比赛课题——记一件反映社会主义新风尚的事。当时一看题目我就傻眼了，这样的作文题如何下手？！最后，我自作主张，把写作课设计成了"作文读改课"，教学重点不放在如何指导孩子写，而是通过习作点评来指导孩子修改作文。这次比赛虽然没有取得好成绩，但我找到了写作教学新的切入点——教孩子读改作文。

从此，我的写作教学大概分了三种课型：写作训练课、习作评讲课、作文读改课。2004年12月，我设计的写作教学案例《多角度选材，拓展作文渠道——〈风筝〉作文教学设计》获得了省二等奖，国家三等奖。那几年，我还经常辅导孩子发表习作，以此来增强他们的写作信心。记得有位孩子写了一篇科普童话《静悄悄的橡胶林》，以童话故事的形式来反映割胶工人的辛勤劳动。当时这篇文章发表在《上海少年报》，当校长让这位孩子在全校师生面前朗读自己的作品时，全校孩子都沸腾了！因为他们想不到，一个农场子弟学校学生的习作能在《上海少年报》上发表。

2006年我加入了深圳市小学语文教师队伍，2008年转岗到了龙岗区教师进修学校。从事研修工作后，我结合小学语文课程标准对自己前20年的教学实践进行了反思和总结，我明白了自己以前的写作教学为什么能取得良好的教学效果。原来，我无意中落实了写作教学的基本理念：激发孩子的写作兴趣，增强孩子的写作信心；留心周围事物，让孩子真实地表达；学习修改自己的习作……这些都是小学语文课标中有明确要求的。为了提高自己的教学研究能力，我加强了专业阅读，从以下三方面拓展自己的视野：

一是关于"课程与教学论"方面的阅读。比如王荣生教授写的《语文科课程论基础》，张华的《课程与教学论》，美国阿姆斯特朗的《当代课程论》，以及《儿童心理学》《发展心理学》等。通过这一类书籍的阅读，我对"课程"与"课程开发"有了初步理解，懂得了课程开发要围绕"课程目标的制定、课程内容的筛选、课程实施和课程评价"来进行。尤其是对"课程内容的选择要依据儿童心理发展特点与认知规律"这句话有深刻体会。

二是关于"语文教学、写作学与写作教学"方面的阅读。比如吴忠豪教授写的《外国小学语文教学研究》，董蓓菲教授写的《语文教育心理学》《全景搜索美国语文课程、教材、教法、评价》，谢志礼、张杰主编的《新编写作学通用教程》，陈果安、何纯、王定主编的《写作学基础》，荣维东教授的《交际语境写作》，刘淼教授写的《作文心理学》，魏小娜教授写的《真实写作教学研究》，曹勇军、傅丹灵写的《中美写作教学对话十五讲》，王爱娣老师写的《美国语文教育》，王庆编写的《标点符号的种类及用法》等。这类书籍的阅读帮助我加深了对写作课程的理解，构建起对写作教学研究的思路和框架，同时还可以学习国外写作课程的设计理念与开发思路。

三是关于"写作教学案例"方面的阅读。比如作家王一梅和胡志远写的《王一梅教你写作文》，张祖庆老师编著的《光影中的创意写作——46节电影作文课》，何捷老师写的《何捷老师的命题作文教学》《何捷老师的游戏作文风暴》，管建刚写的《我的作文训练系统》，台湾沈惠芳老师编著的《来玩写作的游戏》等。这些写作教学案例操作性强，对一线教师的课堂教学有指导意义，值得我们学习与借鉴。

有了前20年教学实践的总结与反思，加上后期的专业阅读，我对写作教学研究的方向更加明确了。2012年开始，我带着老师专注于"小学低年段写作教学研究"，我们依据小学语文课标，对低年段写作课程内容进行了细化和补充。通过几轮实验，低年段写话教学效果非常明显。为了推广课题实验成果，我建立了"科研训"三维一体的工作模式——教研工作、课题研究、教师培训都以同一主题开展活动。于是，听课的时候，我会指定老师们上写作课；培训的时候，我开设"写作教学"专题培训；教师技能大赛也以"写作教学"为主题。我知道这很为难老师，但写作教学一直是老师们亟待解决的难题，只有这样才能促进老师直面问题并思考如何解决问题。到目前为止，我们开发了"写作教学"专题培训系列课程，涉及小学低、中、高年段大约十二门课程。我们不仅为本区老师提供培训课程，还为全国各地的小学语文老师或教研员作了近百场写作教学专题培训，参与活动的老师达上万人次。每次培训结束后，总有老师问我："龙老师，您开微博了吗？你们的教学案例出书了吗？在哪可以看到这些课例？"老师们的追问让我感到惭愧，我想：是时候了，我们要学会总结，学会分享。

终于，我和团队的老师们下定决心把这些年的研究成果整理出来，与一线老师分享。于是，这部稚嫩的作品——《怎么教，孩子才会写》就这样呈现在大家眼前。恳求各位专家、老师的指正与反馈！我的邮箱：444733925@qq.com。

感谢一直以来给予我们鼓励和支持的每一位领导！感谢给予我们指导和帮助的每一位专家和朋友！感谢工作室的每一位成员！

龙咏梅

图书在版编目（CIP）数据

怎么教，孩子才会写：小学低年级写话教学案例/龙咏梅，平丹丹编著 .—上海：华东师范大学出版社，2021

ISBN 978-7-5760-1896-7

Ⅰ.①怎 ... Ⅱ.①龙 ...②平 ... Ⅲ.①作文课—教学研究—小学 Ⅳ.① G623.242

中国版本图书馆 CIP 数据核字（2021）第 118630 号

大夏书系·作文教学

怎么教，孩子才会写
——小学低年级写话教学案例

编　著	龙咏梅　平丹丹
策划编辑	任红瑚
责任编辑	张思扬
封面设计	百丰艺术
责任校对	杨　坤

出版发行	华东师范大学出版社
社　　址	上海市中山北路 3663 号　邮编　200062
网　　址	www.ecnupress.com.cn
电　　话	021‐60821666　行政传真　021‐62572105
客服电话	021‐62865537
邮购电话	021‐62869887　地址　上海市中山北路 3663 号华东师范大学校内先锋路口
网　　店	http：//hdsdcbs.tmall.com

印 刷 者	北京季蜂印刷有限公司
开　　本	700×1000　16 开
插　　页	1
印　　张	17.5
字　　数	200 千字
版　　次	2021 年 11 月第一版
印　　次	2024 年 10 月第三次
印　　数	6 001 - 7 000
书　　号	ISBN 978-7-5760-1896-7
定　　价	59.80 元

出 版 人	王　焰

（如发现本版图书有印订质量问题，请寄回本社市场部调换或电话 021-62865537 联系）